독서와 사고력

리터러시교육총서

독서와 사고력

길은희 지음

대한민국, 서울, 학이시습, 2025

독서와 사고력

지은이 길은희
펴낸이 박영률

발행일 2025년 12월 15일

학이시습
출판등록 2007년 8월 17일 제313-2007-000166호
02880 서울시 성북구 성북로 5-11 (성북동1가 35-38)
전화 (02) 7474 001, 팩스 (02) 736 5047
learningbooks@commbooks.com
www.commbooks.com

Lifelong Learning Books
5-11, Seongbuk-ro, Seongbuk-gu, Seoul, 02880, KOREA
phone 82 2 7474 001, fax 82 2 736 5047

ISBN 979-11-430-1412-2 93370

책값은 뒤표지에 있습니다.

생각하는 힘이 필요한 이유

21세기는 정보의 시대다. 디지털 기술의 발달과 함께 우리는 언제 어디서든 수많은 정보와 지식에 접근할 수 있게 되었다. '정보의 바다', '정보의 홍수' 속에서 나에게 유용한 정보를 찾을 수 있고 정확한 정보를 판별해 낼 수 있는 능력이 중요해졌다. 의미 있는 정보를 선별하고 재구성하여 활용할 수 있는 사고력이 어느 때보다 중요한 시대가 온 것이다. '사고한다는 것', '생각한다는 것'은 의미 있는 정보를 선택하고 축적하는 것을 넘어서 논리적으로 분석하고, 비판적으로 바라볼 수 있으며, 새로운 시각으로 접근할 수 있음을 의미한다. 이는 단순한 암기나 지식 습득만으로는 불가능하며, 논리적 · 비판적 사고를 통해 가능하다(Halpern, 2013).

우리는 매일 선택의 순간마다 생각하고 결정하며, 그에 따라 행동한다. 누군가는 그렇게 복잡하게 살지 않아도 삶은 잘 굴러가고 있고 크게 문제없다고 말한다. 그럴 수 있다. 아무리 숙고해도 행동이 따르지 못할 수 있고 확고한 의지로 생각과 행동을 일치시키고자 해도 돌발 상황으로 일이 틀어질 수도 있다. 게다가 생각 없이도 좋은 삶을 살 수 있다면 그것은 행운일 것이다. 그러나 이러한 행운이 생각은 불필요하거나 무의미하다는 결론에 이르는 이유가 되지는 않는다. 삶은 예측 불가능하지만 그럼에도 좋은 생각이 좋은 삶으로 이어질 가능성은 여전히 높기 때문이다.

우리는 오랫동안 학생들에게 많은 지식을 암기하고 정답을 찾아야 하는 교육을 해 왔다. 이런 암기 중심의 주입 교육을 받은 학생들은 시험에서 좋은 성적을 받을 수는 있지만 스스로 생각하는 법을 배우지는 못했다. 과학기술의 발전과 급속한 사회 변화에 대응하지 못하는 암기식 일방향 교육에 대한 반성과 함께 학생 중심의 교수 · 학습 필요성이 제기되었다.

교육의 목적은 각 개인이 삶을 살아가기 위해 필요한 모든 것을 가르치고 배우는 것에 있다. 지금처럼 예측 불가능한 사회 변화 속에서 우리에게 필요한 것은 적극적으로 대응하며 살아가는 능력이다. 이러한 바탕에는 생각하는 능력이 있다. 정보의 홍수 속에 살아가고 있지만, 그 정보들이 실제로 활용할 수 있는 지식으로 이어지는 경우는 많지 않다. 정보가 지식이 되는 것은 정보에 대한 이해와 분석, 그리고 통찰로 이어질 때 가능하다.

독서는 정보를 수집하고 사고하기 위한 기본 도구다. 책을 읽는 것은, 다양한 정보를 통해 지식을 쌓고 새로운 정보를 받아들여 배경지식을 넓힐 수 있는 최적의 방법이다. 또 책을 읽으면서 스스로 생각하고 분석하고 성찰하는 시간을 가질 수 있다. 이러한 독서 행위는 책과 사람이 만나면서 일어나는 통합적 메커니즘을 형성한다. 우리가 책을 통해 얻고자 하는 것은 지식 쌓기만이 아니다. 우리는 독서를 통해 더 나은 삶을 위해 질문을 던지고, 깊이 있는 사고를 할 수 있는 능력을 얻고자 한다. 읽기를 단지 문자 해독에 그치지 않고 개인적인 사고 행위로 보는 구성주의 차원의 관점 전환이 필요하다(김혜정, 2008). 이제 우리는 과학기술의 발전과 사회 변화를 이해하고 그에 적합한 읽기와 사고 훈련을 위해 우리에게 필요한 것이 무엇인지, 구체적인 실천 방법은 무엇일지, 찾아 나서야 한다.

정보 소비와 맹목적 지식 수용에서 벗어나기

정보 사회에서 정보를 받아들이는 것만큼이나 중요한 것이 정보를 비판적으로 해석하고, 새로운 관점으로 재구성해, 실제 문제에 적용할 수 있는 능력이다. 수많은 정보와 지식 중에서 무엇이 진실이고, 무엇이 편향된 시각인지 구별하는 능력이 필요한 것이다. 사고력은 비판적 분석과 판단력, 그리고 문제 해결을 위한 첫걸음이다. 사고력 훈련은 단순한 지식 습득을 넘어서, 정보를 분석하고 비판적으로 사고하는 능력을 기르는 것으로 이를 위한 최적의 방법이 독서다. 독서는 사고를 자극하고 지식을 재구성하는 창의적 과정이다(Guthrie & Wigfield, 2000).

독서의 중요성에 대해 의문을 제기하는 사람은 찾아보기 어렵다. 독서를 통해 사고력을 기를 수 있다는 것에 많은 이들이 동의할 것이다. 사고력 중심의 독서는 독자가 표면적인 정보에 머물지 않고, 텍스트의 이면을 들여다보며 분석하고 평가하는 힘을 기르는 독서로, 사고력 향상에 중점을 둔다. 더불어 다양한 관점을 비교하고, 논리적으로 사고할 수 있는 능력을 길러 주며, 우리가 직면한 문제를 여러 관점에서 바라볼 수 있도록 돕고, 그 해결 방안을 창의적으로 모색하도록 돕는다. 다양한 분야의 책을 읽고 사고함으로써 독자는 폭넓은 지식과 경험을 쌓을 수 있고, 이를 바탕으로 더 나은 결정과 선택을 할 수 있게 된다.

정리하면, 사고력 독서는 표면적인 정보 습득에 그치지 않고, 그 이면의 의미를 추론하고, 다양한 관점을 비교하며, 비판적으로 숙고하는 독서 방식의 하나다. 이러한 독서 방식은 독자의 인지 구조를 활성화하여, 깊은 통찰을 가능하게 한다. 독서는 생각하는 힘을 기르는 가장 효과적인 방법 중의 하나인 것이다(Snow, 2002). 생각하는 독서를 통해 우리는 변화하는 시대에 적응하고 지속적으로 발전할 수 있는 기반을 마련할 수 있다. 그런 점에서 우리의 배움과 독서 행위는 쉼 없이 지속되어야 한다.

『논어』「위정」편에서는 배움과 사고의 관계를 다음과 같이 말하고 있다.

> 子曰 學而不思則罔하고 思而不學則殆니라.
> "배우되 생각하지 않으면 어둡고, 생각하되 배우지 않으면 위태롭다"

이는 생각 없는 배움은 방향 없는 지식 축적에 그치고, 배움이 없는 사고는 현실에 뿌리내리지 못한 공허한 사고로 전락할 수 있음을 일깨워 주고 있다. 인간이 살아가기 위해서는 하나부터 열까지 모든 것을 배우지 않고는 불가능하다. 따라서 태어남과 동시에 배움은 자연스럽다. 배움이 자연스럽듯이 생각도 그렇게 몸에 배어 자연스러워져야 할 것이다. 어두움에 갇혀서 헤매지 않고 현실을 반영하지 못하고 망상에 이르지 않기 위해 배우고 생각하며, 생각하고 배우는 일에 힘써야 할 것이다.

책의 구성

이 책은 독서와 사고의 관계를 탐구하고, 독자의 사고를 확장하고 이를 효과적으로 표현하는 데 도움이 되는 내용을 담고 있다. 각 장은 독서와 사고력을 다양한 관점에서 살펴보고, 깊이 있는 사고와 사고 교류를 위한 대화 방법과 사고의 표현으로서 글쓰기 향상 방안을 제시하고자 한다.

1장은 AI 시대에 사고력이 갖는 의미와 중요성에 대해 논하고 독서와의 연결점을 탐구한다.

2장은 언어의 본질, 사고와 소통의 도구로서 언어 기능에 대한 논의가 이루어진다.

3장은 읽기와 사고가 동일한 과정임을 살펴보고 읽기 과정의 사회문화적 맥락과 깊이 있는 이해를 위한 비판적 읽기에 관해 탐구한다.

4장은 메타인지가 독서와 어떻게 연결되는지, 독서를 통해 메타인지를 어떻게 발달시킬 수 있는가에 관해 논한다.

5장은 독해와 고차원적 사고의 관계를 탐구하며, 독자가 텍스트를 깊이 있게 분석하고 비판적 사고를 통해 이해를 확장해 가는 방법을 제안한다.

6장은 분야별 읽기와 사고에 대한 내용으로 각 학문 분야에 필요한 학문 문식성에 대해 설명하고 그 중요성과 학문 영역별 문식성을 가르치고 배우는 시기에 대해 논한다.

7장은 사고 촉진을 위한 읽기 전략에 대해 논하며 사고 촉진을 위한 읽기는 단순히 글을 읽는 것이 아니라, 내용을 분석하고 자신의 사고와 연결하는 과정임을 설명한다.

8장은 상호 사고 개발 과정으로서의 대화를 중심으로 대화가 사고를 교환하는 중요한 수단이라는 점을 설명한다. 사고 개발 대화의 정의, 대화를 통한 사고의 확장, 비판적 사고와 창의적 사고에 대해 논한다.

9장은 사고를 표현하는 수단으로서 진정한 목소리를 담을 수 있는 글쓰기의 중요성과 사고의 표현으로서 글이란 무엇인가에 대해 논한다.

10장은 사고력 개발을 위한 독서 지도 방법을 소개하고 소집단 학습 활동에서 나타나는 사고 교류 사례를 살펴보고자 한다.

각 장은 하나의 책으로 구성되어야 할 방대한 내용이지만, 가능한 한 많은 이들이 쉽게 이해할 수 있도록 소개하고자 했다. 핵심 내용을 중심으로 소개하다 보니 깊이 있는 설명에 한계가 있지만, 책에 소개된 기본적인 개념과 이론들을 통해 더 많은 자료를 찾아보는 계기가 되기를 바란다.

인간의 생각하는 능력을 당연하다고 여길 수 있지만,

사실 생각하는 능력은 오랜 시간에 걸쳐 발달하여 왔다. 우리에게 사고력이란 좀 더 나은 선택, 합리적인 결정, 타인과의 소통을 위한 필수적 능력이다. 모든 것이 빠르게 변화하는 시대, 새로운 문화, 빠른 기술 변화에 인간은 무엇이며 어떻게 살아야 하는지, 우리 사회는 어떠한 방향으로 나아가야 할 것인지 걱정과 고민이 될 것이다. 이러한 고민 해결을 위해서는 문제의 핵심이 무엇인지를 꿰뚫고 분석하고 판단하는 힘이 필요하다. 독서는 생각하는 힘을 기를 수 있는 가장 효과적이고 안전한 방법이다. 인간 사회 문명의 발전과 지식의 집약체인 책은 이제 누구나 접할 수 있고 어디서든 읽을 수 있다. 독서를 통해 인류가 오랜 시간 축적한 지혜를 함께 나누며 생각하는 힘을 기르고 폭넓은 지식과 정보를 얻어 사회공동체의 일원으로서 모두 행복하게 살아가기를 바라는 마음이다.

참고문헌

김혜정(2008). 기획 주제: 비판적 사고와 독서; 비판적 사고력 신장을 위한 읽기 지도 방향. 《독서연구》, 20권, 47-81.

Guthrie, J., & Wigfield, A.(2000). Engagement and motivation in reading. *Handbook of reading research, Vol. 3*, pp.403–422.

Halpern, D. F.(2013). *Thought and knowledge: An introduction*

to critical thinking. Psychology press.
Snow, C.(2002). *Reading for understanding: Toward an R&D program in reading comprehension.* Rand Corporation.

차례

편집자 일러두기

- 인명, 작품명, 저서명, 개념어 등은 한글과 함께 괄호 안에 해당 국가의 원어를 병기했습니다.
- 외래어 표기는 현행 어문규정의 외래어표기법을 따랐습니다.

01

AI 시대에 생각하는 독서

미래를 상상하고 대응하는 것은 우리의 선택에 따라 결정되고 달라진다. 중요한 것은 신념이다. 어쩌면 문제는 기술이 아니라 인간일지 모른다. 기술의 편리함에 익숙해져 우리의 사고 능력이 저하되고 있음을 주의해야 한다. 나는 누구이며, 어떻게 살고 싶은가, 그리고 어디로 향하여 갈 것인가에 대한 질문과 생각, 그리고 선택이 우리의 미래를 결정한다.

디지털과 알고리즘의 시대

디지털 기술은 우리 일상의 변화를 주도하고 있다. 우리는 클릭 한 번으로 일상생활에서 느끼는 궁금증을 해결하고 전문적인 지식을 손쉽게 얻을 수 있다. 해당 분야의 전문가를 찾아가거나 백과사전을 찾아봐야 알 수 있었던 정보를 보다 빠르고 간편하게 앉은 자리에서 인터넷 검색만으로 알 수 있게 된 것이다. 이러한 편리함과 신속함은 정보 습득과 정보의 재생산을 더욱 가속화했다. 인터넷은 지식의 창고가 되었고 인터넷으로 우리는 언제 어디서나 어느 누구하고나 연결되고 소통할 수 있다. 또 디지털 기술의 발달은 현실과 가상 세계를 넘나들며 물리적 한계를 넘어서고 있다. 공연장을 찾아가야만 볼 수 있었던 연극, 음악회, 그리고 도서관을 가야 볼 수 있었던 수많은 책을 이제는 내가 원하는 곳에서 원하는 시간에 볼 수 있는 세상이 되었다.

디지털 기술은 인간의 사고와 선택을 대신하며 일상의 모든 차원을 재구성하고 있다. 알고리즘은 내가 보는 뉴스, 검색 결과, 상품 추천 등에 적용되어 우리가 접하는 정보의 범위를 제한하고 사고의 경로를 설계한다. 쇼샤나 주보프(Shoshana Zuboff)는 이를 '감시자본주의 시대(The Age of Surveillance Capitalism)'라고 부르며, 인간의 행동을 예측하고 통제하려는 데이터 중심 체제를 비판했다. 이러한 환경에서는 정보의 선별과 판단이 개인에게 있는 것이 아니라, 시스템에 의해 외주화된다. 이는 비판적 사고력의 약화와 판단 능력의 퇴보를 초래할 수 있다. 우리는 정보가 넘쳐나는 시대에 뒤처지지 않기 위해 다른 사람들보다 많은 정보를 습득해야 한다는 압박을 받고 있다. 그러나 정보가 많다는 것은 정보가 적다는 것만큼이나 해로울 수 있다. 지나치게 많은 정보 속에서 무엇이 중요하고 무엇이 중요하지 않은지 구별할 수 없게 되기 때문이다(Watson, 2016). 정보의 양이 많으면 그만큼 깊이 있게 살펴보고 집중하기가 쉽지 않다. 엄밀히 말하면 정보의 양이 곧 정보의 질을 담보하는 것은 아니다. 인터넷에서 볼 수 있는 여러 개의 신문 기사를 꼼꼼히 읽는 이가 몇이나 될까? 대부분 헤드라인을 훑어보는 것에 그친다. 긴 텍스트는 읽으려 하지 않고 순간적으로 훑고 지나가 버린다. 읽기 환경 변화는 신체적 · 정신적으로 영향을 미친다. 디지털 화면의 자료는 오랫동안 정독하는 데 어려움이 있다. 모니터 화면을 장시간 봄으로써 생기는 눈의 피로 탓이다. 이러한 신체적 피로는 집중력 저하의 원인이 되기도 한다.

알고리즘은 중립적 도구가 아니라, 특정한 목적과 가치가 내포된 설계물이다. 알고리즘의 작동 방식은 설계자의 가치관, 정치적 또는 상업적 목적에 따라 정보의 순위와 가시성을 결정짓는다. 캐시 오닐(Cathy O'Neil)은 알고리즘이 사회적 편견을 강화하고 불평등을 재생산할 수 있다고 경고했다. 실제로 채용, 대출, 보험 등 사회 전반에 걸쳐 알고리즘은 판단 기제로 기능하고 있으며, 그 결과는 종종 차별적일 수 있다. 따라서 디지털 시대의 시민은 알고리즘의 이면을 비판적으로 이해하고, 설계와 활용에 윤리적 책임을 요구할 수 있어야 한다. 디지털과 알고리즘의 시대는 인간 사고의 위기이자, 동시에 그 회복을 위한 기회다. 우리는 편리함에 안주하기보다, 그 이면을 성찰하고 주체적으로 기술 환경에 대응할 수 있어야 한다. 이를 위해서는 교육적 개입이 필요하며, 독서, 토론, 글쓰기 등 사고 훈련이 중요하다. 정책적으로도 알고리즘의 투명성, 윤리적 설계 원칙 등이 사회 전반에서 논의되어야 한다. 인간은 기술에 종속되는 존재가 아니라, 기술을 성찰하고 방향을 제시할 수 있는 존재이기 때문이다.

과학과 기술은 인간 지능의 창조적 잠재력이 빚어낸 빛나는 성과다(프란치스코, 2023). 오늘날 인간이 이뤄 낸 여러 업적 가운데 과학과 기술의 눈부신 발전은 단연 최고의 성과라고 할 것이다. 과학과 기술의 발전으로 인한 급속한 사회 변화를 체감하면서 인간 창조 능력의 끝이 어디

일까 새삼 궁금해지기도 하고 한편 두려워지기도 한다. 과학과 기술의 성과 덕분에 인류의 삶은 풍요로워졌으며, 여러 질병이 치료되었고 생산량의 급증으로 물질의 풍요를 누릴 수 있게 되었으니 마땅히 기뻐하고 감사할 일이다. 그럼에도 경계하고 살펴봐야 할 것들이 남아 있다. 기계는 데이터를 분석할 수는 있어도, 도덕적 딜레마나 복잡한 인간관계를 평가하는 데에는 한계가 있다. 기술이 발전할수록 인간 고유의 사고력과 윤리적 판단력은 더욱 절실해진다. 인간은 대화를 통해 상호 이해와 합리성 그리고 윤리적 의사 결정을 끌어낸다. 인간의 판단은 데이터 분석에만 사용되는 것은 아니며 단순한 정보 처리 이상의 의미를 지니는 것이다. 이러한 디지털 시대 교육의 핵심은 깊이 있고 폭넓은 사고와 타인에 대한 이해, 윤리적 의사 결정을 할 수 있는 능력을 기르는 데 있다.

AI와 읽고 쓰기

디지털 기술은 전통적인 읽기, 쓰기, 의사소통 환경을 변화시켰다. 인쇄 텍스트는 순서대로 페이지를 넘기는 선형적인 형태를 따르지만, 하이퍼텍스트는 독자가 하이퍼링크를 통해 상호 연결된 텍스트를 비선형적으로 탐색할 수 있게 한다(Bolter, 2001). 문해력 연구에서 중요한 것은 해독 능력(decoding)과 이해 능력(comprehension)이었다. 그러나 21세기 이후 등장한 뉴리터러시(New Literacy) 이론은 문해력을 사회문화적 맥락 속에서 파악하며, 디지털 기기와 매체 활용 능력도 핵심 요소로 본다(Lankshear & Knobel, 2008). 이에 따라 디지털 문해력은 기술적 접근 능력뿐 아니라, 정보를 탐색하고 비판적으로 해석하며, 이를 기반으로 새로운 의미를 구성할 수 있는 능력까지 포괄하게 되었다.

인공지능(AI, Artificial Intelligence) 기술의 발달로 기존의 문해력 개념은 확장되었다. AI는 독자가 '정보를 스스로 선택하고 구성하는 주체'로 기능할 수 있도록 다양한 방식으로 보조한다(김성수, 2021). 이 점에서 AI는 읽기를 기계화된 정보 소비에서, 능동적 정보 구성으로 전환하는 매개체로 작용한다고 볼 수 있다. 생성형 인공지능은 텍스트 요약, 질문 응답, 의미 추론과 같은 기능을 통해 방대한 정보를 압축하고 요약하여 제공한다. 이는 정보의 과잉 시대에 필수적인 전략적 읽기 도구가 된다. 딥러닝(Deep learning)에 기반한 추천 시스템은 사용자의 관심 주제, 읽기 패턴, 선호도를 분석하여 개인 맞춤형 독서 콘텐츠를 제안한다. 이를 통해 독자는 정보 탐색의 효율성을 높일 수 있고, 관심 분야에 대한 이해를 심화하고 그 분야를 깊이 있게 탐색할 수 있다. 또 AI는 학습자 중심의 독서 교육에도 새로운 방향성을 제시한다. 정보 전달 수준을 넘어서 학습 환경의 조정자이자 매개자로 읽기를 도울 수 있다. 학생의 읽기 수준을 분석하여 맞춤형 질문과 피드백을 제공할 수 있으며, 교사는 이를 바탕으로 개별화된 독서 지도를 수행할 수 있다. AI 기반 읽기에는 효율성과 접근성 확대라는 이점이 있지만, 동시에 인지적 수동성과 판단력 저하의 가능성도 존재한다. 인공지능에 의해 선택된 정보와 요약된 지식만을 수용할 경우, 독자는 원본의 맥락과 복합성을 간과하고 기계의 판단을 인간의 판단보다 우위에 두는 오류에 빠질 수 있다(Floridi et al., 2018). 따라서 인공지능과 함께하는 읽기를 비판적으로 활용하기 위해서는 결과물에 대한 출처와 신뢰도 점검, 요약된 정보와 원문 비교 등 메타인지적 전략이 병행되어야 한다.

쓰기는 단순한 기록 행위를 넘어, 인간의 사유를 구조화하고 의미를 창출하는 인지적 구성 행위다(Flower & Hayes, 1981). 많은 사람들에게 쓰기는 여전히 고도의 집중력과 창의력을 요구하는 인지 활동이다. 최근 챗지피티(ChatGPT), 제미나이(Gemini) 등 생성형 언어 모델의 등장으로 쓰기의 전 과정에 AI가 개입할 수 있는 환경이 조성되었으며, 이에 따라 쓰기의 수행 방식이 새롭게 시도되고 있다(윤금준, 2024). 인지주의 쓰기 이론 모델은 계획→변환→수정'의 순환적 과정으로 구성된다(Flower & Hayes, 1981). 인공지능은 이 세 단계 각각에 보조적 개입이 가능하다. 계획 단계에서 아이디어 도출 및 글의 주제 설정을 위한 브레인스토밍 지원, 변환 단계에서 문장 생성, 어휘 제안, 구조적 틀 제공, 수정 단계에서 문법 수정, 문체 조정, 논리적 오류 탐지가 가능하다. 인공지능은 이 과정을 자동화하거나 효율화할 수 있으며, 특히 글쓰기 초보자에게 부담을 줄여 주는 유용한 지원 시스템으로 작용한다.

사회문화적 측면에서 보면, 쓰기는 사회적 상호작용을 통해 이루어진다. 이러한 측면에서 AI는 쓰기의 가상적 상호작용 파트너로 기능하며, 사용자는 AI와의 대화를 통해 사고를 확장하거나 자신의 관점을 정리할 수 있다. 생성형 언어 모델은 사용자의 프롬프트에 따라 다양한 길이와 형식의 텍스트를 즉각 생성할 수 있다. 사용자는 이를 기반으로 글을 구성하거나 편집하며, 아이디어를 발전시키고 표현을 다각화하는 데 도움을 받을 수 있다. 또 동일한 내용이라도 학술적, 설득적, 시사적 등 다양한 문체로 재구성할 수 있다. 글쓰기 교육에서 장르 인식과 표현 훈련에 매우 효과적인 도구로 활용될 수 있는 것이다(Biber & Conrad, 2009). 글쓰기 교육에 AI를 활용하는 데서 거둘 수 있는 효과는 먼저 쓰기 진입 장벽의 완화다. 학습자는 문법이나 어휘에 대한 불안이 낮아지고, 자신감이 향상된다. 다음은 실시간 피드백 제공이다. 교사의 역할을 대신할 수 있으며 즉각적인 수정 및 대안 제시가 가능하다. 또 개별화 학습이 가능하다. 학습자의 수준에 맞춘 글쓰기 과제, 맞춤형 문장 예시가 제공되어 맞춤형 학습이 가능하다. 이러한 변화는 비문해 성인 학습자, 외국어 학습자, 특수 교육 대상자에게 교육적 활용 가능성이 크다.

인공지능을 활용한 쓰기는 인지적 · 사회문화적 관점에서 보조적 역할로서의 유용성, 그리고 교육적 활용 가능성 등 이점이 있지만, 논쟁점도 존재한다. 우선 '창작의 주체는 누구인가'라는 윤리적 · 철학적 논쟁을 피하기 어렵다. AI가 생성한 텍스트의 저작권은 누구에게 있는가? AI의 결과물을 사용한 글이 독창적 창작물로 인정될 수 있는가? AI가 생성한 언어는 인간의 창의성을 대체할 수 있는가? 이런 여러 가지 논쟁은 단순한 기술적 문제를 넘어, 쓰기의 본질과 인간 고유의 창의성에 대한 사회적 합의를 요구한다. 이에 따라 일부 학계에서는 'AI 보조 쓰기'와 'AI 생성 쓰기'를 구분하고, 사용자의 개입 정도를 기준으로 창작성을 판단하려는 논의가 진행 중이다(강현호 외, 2024).

AI 시대의 사고력

인공지능 기술의 발전은 정보 검색 및 정보 재생산 방식에 혁명적인 변화를 불러왔다. 깊이 있는 생각을 하지 않고 일상적인 문제 해결이 자동화되면서 사람들은 점차 사고하지 않게 될 수 있다. 이러한 현상은 기술적인 편리함을 넘어 우리의 사고 능력이 감소하고 있다는 경고다(Carr, 2010). AI는 정보 검색, 요약, 번역 등 독서 과정의 효율성을 극대화하지만, 동시에 우리에게 정보의 신뢰성 검증 및 비판적 수용이라는 새로운 과제를 제시한다. 결국 과학기술의 발달과 일상의 변화에 독서가 지향해야 할 방향은 비판적 사고력과 지식 재구성 능력 함양에 있다. 기술의 발달로 다양한 정보를 빠르게 접할 수 있지만, 그 정보의 진위를 가리는 판단력은 우리의 몫인 것이다. 비판적 읽기, 깊이 읽기, 성찰적 독서가 핵심 역량으로 주목받는 이유다. 독서 행위는 타자와의 대화, 자기 성찰, 윤리적 판단을 수반하는 통합적이고 인문적인 활동이다. 비판적 사고는 요즘 같은 시대에 필수적인 능력이다. AI는 방대한 데이터를 분석하고 가공하여 최적화된 정보를 제공한다. 이는 정보의 접근성을 높이고 학습 효율을 증대하는 긍정적인 측면이 있다. 그러나 동시에 알고리즘에 의해 편향된 정보가 제공될 수 있으며, 딥페이크(Deepfake)와 같은 기술은 허위 정보의 유통을 가속화한다. 이에 정보의 출처 및 신뢰성을 평가해야 하고 정보의 편향성을 이해하고 인지하는 능력이 필요하며, 해당 정보가 어떤 맥락과 배경에서 생성되었으며 다른 정보와 어떤 관계를 맺고 있는지 논리적 비약, 모순, 오류 등을 종합적으로 판단할 수 있는 능력이 필요하다. AI는 정보 탐색 및 분석에 탁월하지만, 창의적 문제 해결, 융합적 사고, 윤리적 판단 등은 여전히 인간 고유의 영역이다.

새로운 변화의 시대에 우리는 AI를 정보 제공 도구를 넘어서 지식 체계를 확장하고 재구성하는 협력자로 인식할 필요가 있다. 또 끊임없이 질문을 던지며 정보의 본질을 파고드는 능력, 다양한 정보의 조각들을 서로 연결하고 의미론적 관계를 설정하여 새로운 지식을 구성하는 능력, 습득한 정보를 문제 상황에 적용하고 해결 방안을 모색할 수 있는 문제 해결 능력이 필요하다. 외부의 정보와 지식을 자신의 배경지식과 융합하고 능동적으로 재구성하는 능력을 강화해야 한다. 정보 검색, 요약, 추천 알고리즘은 독서의 외형을 빠르게 바꾸고 있지만, 정보 검색 및 추천 알고리즘이 독서 방식을 빠르게 변화시키지만, 이러한 알고리즘의 창조와 변화를 이끄는 것은 결국 인간의 사유와 성찰이다. 인공지능 기술은 독서를 보조할 수 있지만, 대체할 수는 없다. 오히려 우리는 더욱 의식적으로, 더 깊이 있는 독서를 실천해야 한다. 정보를 넘어 지혜에 도달하기 위한 노력, 사실을 넘어 의미를 구성하기 위한 끊임없는 노력과 더 나은 공동체를 이루기 위한 노력을 기울여야 한다. 생각하는 독서는 정보를 수용하고 비판적으로 분석하고 의미를 재구성하여 정보의 주인이 되는 과정이다. 이는 독자가 수동적인 정보 소비자를 넘어 능동적인 지식 생산자이자 창조자로 거듭나는 것을 의미한다.

궁극적으로 인간은 인공지능 기술과의 협업을 통해 더 심층적이고 다층적인 지식 체계를 구축하고 이를 바탕으로 복잡한 현실 세계의 문제들을 해결해 나갈 수 있어야 한다. 이를 위해 비판적 사고, 논리적 추론, 창의적 문제 해결, 인공지능 기술에 대한 이해를 포함하는 새로운 리터러시 역량 강화에 초점을 맞춰야 할 것이다. 우리는 읽는 사람, 쓰는 사람, 생각하는 사람으로서 자신의 상태를 점검해야 한다(Wolf, 2018). 변화하는 시대 속에서도 인간만이 할 수 있는 '생각하는 읽기'의 가치를 다시 한번 되새겨 봐야 할 것이다.

참고문헌

강현호 외(2024). AI 생성물의 저작물성과 창작성 판단에 대한 고찰-생성형 인공지능의 도구성을 중심으로-. 《계간 저작권》, 37권 2호, 5~42.

프란치스코(2023.12.8.). 인공지능과 평화. https://www.cbck.or.kr/Documents/Pope/20230639?page=3

김성수(2021). 인공지능 시대와 책읽기 교육의 방향 모색. 《리터러시 연구》, 12권 6호, 165~196.

윤금준(2024). 생성형 인공지능 시대에 자기표현적 글쓰기를 활용한 평생 필자로서의 성장 방안-2022 교육과정을 중심으로-. 《국어교육》, 187권, 27~70.

Biber, D., & Conrad, S.(2009). *Register, Genre, and Style.* Cambridge University Press.

Bolter, J. D.(2001). *Writing space: Computers, hypertext, and the remediation of print.* Routledge. 김익현 옮김(2010). 『글쓰기 공간:컴퓨터와 하이퍼텍스트 그리고 재매개』. 커뮤니케이션북스.

Carr, N.(2010). *The Shallows: What the Internet Is Doing to Our Brains.* Brockman Inc. 최지향 옮김(2011). 『생각하지 않는 사람들』. 청림출판.

Floridi, L., et al. (2018). AI4People—An Ethical Framework for a Good AI Society. *Minds and Machines*, 28(4), 689~707.

Flower, L., & Hayes, J. R.(1981). A Cognitive Process Theory of Writing. *College Composition and Communication*, 32(4), 365~387.

Lankshear, C., & Knobel, M.(Eds.)(2008). *Digital Literacies: Concepts, Policies and Practices*(Vol. 30). Peter Lang.

O'Neil, C.(2016). *Weapons of Math Destruction: How Big Data Increases Inequality and Threatens Democracy*. Crown Publishing Group. 김정혜 옮김(2017). 『대량살상 수학무기: 어떻게 빅데이터는 불평등을 확산하고 민주주의를 위협하는가』. 넥스트웨이브미디어.

Watson, R.(2016). *Digital vs Human*. Scribe US. 방진이 옮김(2017). 『인공지능 시대가 두려운 사람들에게』. 원더박스.

Wolf, M.(2018). *Reader, Come Home: The Reading Brain in a Digital World*. Harper. 전병근 옮김(2019). 『다시, 책으로』. 어크로스.

Zuboff, S.(2019). *The age of surveillance capitalism: the fight for a human future at the new frontier of power*. Profile Books. 김보영 옮김(2021). 『감시 자본주의 시대: 권력의 새로운 개척지에서 벌어지는 인류의 미래를 위한 투쟁』. 문학사상.

02

사고와 소통의 도구로서 언어

언어는 인간 고유의 능력이며, 사고의 도구이자 의사소통의 도구다. 언어를 선택하고 사용하는 과정에서 언어는 사고에 영향을 주고 사고를 형성하고 발달시키는 도구가 된다. 또 언어가 일정한 맥락과 사회 체계 안에서 사용된다는 점에서 언어는 의미를 전달하는 의사소통의 도구다.

언어의 본질과 기능

우리는 언어를 통해 생각을 표현하고, 타인과 소통하며, 세상을 이해한다. 언어는 단순한 말이나 글로 정보를 주고받는 수단을 넘어, 인간의 사고를 구성하고 사회적 상호작용을 가능하게 하며, 문화를 형성하는 핵심 기제다. 인간 언어의 본질은 철학적, 심리학적, 사회적 관점에서 다양하게 해석할 수 있다. 의사소통, 사고의 형성, 사회문화적 상호작용 등 복합적인 현상과의 연결을 통해 설명할 수 있는 것이다. 우리는 매일 언어를 사용하지만, 언어가 어떻게 우리의 사고를 구성하고 의사 전달 수단을 넘어 사회공동체에 영향을 미치는지 깊이 생각해 본 적은 드물 것이다.

인간 종이 다른 동물보다 우위에 설 수 있었던 핵심은 고유한 언어를 가진 덕분이다(Harari, 2011/2018). 인간은 동물 중에서 유일하게 언어를 갖고 공동체 안에서 서로 소통한다. 인간의 언어가 다른 동물들의 언어와 다른 특별한 점은 제한된 개수의 소리와 기호를 연결해 의미를 지닌 무한한 문장을 만들 수 있는 유연성에 있다. 언어는 기호, 단어, 문법 구조로 구성된 체계이며 사람들 간의 의사소통과 정보 공유를 위한 도구다. 한편, 언어는 추상적인 것 같지만, 실은 매우 객관적이고 사실적이다. 언어에서 기호는 의미를 지닌 소리, 글자, 단어 등으로 이는 특정한 개념이나 대상을 나타낸다. 기호가 갖는 의미는 사회적 합의에 의해 결정되며 기본적인 문법 구조를 통해 전달된다. 문법은 단어들이 결합하여 문장을 이루는 규칙을 말하며 문법 구조가 다르면 의미도 달라질 수 있다. 언어는 사고와 인지 과정 형성에 중요한 역할을 한다. 또 언어는 사고의 구조를 형성하고 사고의 확장에도 영향을 준다. 인지 능력은 언어와 사고의 상호작용을 통해 발달한다(Vygotsky, 1962). 언어와 사고는 개별적으로 발달하지만, 일정 단계에 이르러서는 상호작용으로 함께 영향을 주고받으며 발달한다.

언어의 기능은 크게 세 가지로 볼 수 있다. 첫째, 정보 전달 기능으로 지식이나 사실을 공유한다. 둘째, 정서 표현 기능으로 감정과 태도를 드러낸다. 셋째, 사회적 기능으로 인간관계를 조정하고 공동체 내 역할을 형성한다. 더불어 언어는 단순한 개인적 표현을 넘어서 문화적 정체성과 깊이 연관된다. 언어는 특정 문화의 가치관, 사고방식, 생활양식을 반영하며, 서로 다른 언어를 사용하는 사람들은 서로 다른 방식으로 세계를 인식하기도 한다. 이는 곧, 언어가 단순한 도구를 넘어서 세계를 해석하는 '틀'로 작동함을 보여 준다.

사고 도구로서 언어

언어와 사고는 밀접한 관계에 있으나, 서양에서 대부분의 철학자는 언어와 사고를 별개의 것으로 구분하여 생각하는 경향이 강했다. 많은 철학자는 인간의 사고가 먼저 존재하고 언어는 사고에 의존하게 된다고 생각했다. 반대로 언어가 사고를 가능하게 한다는 주장도 있다. 언어와 사고의 관계에 대해 전자는 인간의 사고를 중심에 두고 언어를 설명하는 견해라면, 후자는 언어를 중심에 두고 사고를 설명한다(배상식, 2015).

언어는 사고를 조직하고 명확하게 하는 데 중요한 역할을 한다. 언어를 통해 우리는 복잡한 개념을 구조화하고 이해할 수 있다. 이렇게 언어가 사고와 인식에 영향을 준다는 이론이 사피어-워프 가설이다. 이 가설은 언어가 사고를 결정한다는 언어 결정론과 언어가 사고에 영향을 미친다는 약한 형태의 언어 상대성 가설로 구분된다. 언어 결정론은 우리의 사고와 인식이 사용하는 언어에 의해 결정된다는 강력한 주장이다. 즉, 언어는 사고를 제한하거나 규정짓는다는 것이다. 반면에 언어 상대성 가설은 우리의 사고와 인식이 사용하는 언어에 의해 영향을 받는다는 다소 약한 주장이다. 오늘날 대부분의 학자는 언어가 사고에 영향을 미치지만, 전적으로 사고를 결정하지 않는다는 언어와 사고의 상호작용론을 받아들이고 있다.

레프 비고츠키(Lev Vygotsky)는 언어와 사고의 관계에 대해 인간 심리를 중심에 두고 설명했다. 그는 언어와 사고의 발달 과정을 상세하게 다룬다. 언어와 사고는 각각이 발생적 근원은 다르나 어느 시점에 이르러 합쳐져서 새로운 형태의 출발점을 가능하게 한다. 그의 이론에 따르면, 언어 발달은 네 가지 단계를 거쳐서 진행된다. 첫째 단계는 원시적 · 자연적 단계로 지능 이전의 언어, 언어 이전의 사고 단계다. 둘째 단계는 '소박한 심리학'이라고 부르는데, 아동의 언어 발달에서 초기 단계로 문법 구조와 형태는 갖추고 있으나 논리적 구조는 불완전한 단계다. 셋째 단계는 아동의 자기중심적 언어 단계로 아동의 심리적 과제를 해결하는 외적 기호와 외적 조작의 단계다. 넷째 단계는 '내적 전환'이라고 하는데, 외적 조작이 내면으로 들어가서 내적 조작이 일어나고, 외적 조작은 변화를 겪게 된다. 아동이 성장하면서 자기중심적 언어는 내적 언어로 진화한다. 아동이 머릿속으로 하는 계산, 암산 등이 여기에 해당하는데, 인간은 이 내적 언어를 통해서 언어적 사고를 한다. '언어적 사고'는 언어와 사고가 결합한 형태로 언어와 사고가 서로 교차하는 영역이다.

개념은 사고의 기본 단위로 아동의 개념 발달 과정을

세분화하면 다음과 같다. 첫째 단계는 주관적인 연관 관계로 비조직화되고 혼돈된 '무연관의 연관'이라고 부른다. 이 단계는 세 가지 수준으로 세분화할 수 있는데, 첫째 수준은 혼합적인 방식으로 형상을 구성하는 수준, 둘째 수준은 주관적이지만 어떤 동일한 계통성을 설정하는 수준, 셋째 수준은 개별 대상들이 아니라 여러 무리를 혼합한 형상을 구성하는 수준이다. 둘째 단계는 복합적 사고 단계다. 이 단계는 아동이 같은 종류의 사물들을 같은 그룹으로 통합하고, 그 속에서 발견한 객관적인 결합 법칙에 따라 종합하기 시작하는 단계로 이전 단계와 비교해 연관성과 객관성이라는 특성을 보인다. 셋째 단계는 개념 형성의 단계다. 아동은 개별 대상을 통합하고 일반화하게 된다. 이 단계는 네 가지 수준으로 구분할 수 있는데, 첫째 수준은 대상들에 대한 지각의 유사성에 기초하는 수준, 둘째 수준은 공통성을 파악하여 잠재적 개념을 형성하는 수준, 셋째 수준은 대상이 갖는 일련의 속성 중 특정한 속성을 다른 속성들에서 분리하는 추상화의 수준, 넷째 수준은 추상화된 일련의 속성들이 다시 종합화되어 진정한 개념을 형성하는 수준이다. 이 과정은 아동의 인지 구조가 점차 일관성 있고 추상적인 체계로 조직화하는 것을 보여 준다.

의사소통 기능

사회적 존재인 인간은 서로 협력해야 생존할 수 있다. 언어는 생존을 위한 구체적이고 실제적인 소통 수단이다. 인간은 언어를 통해 감정을 전달하고 생각을 표현하며 타인과 소통한다. 언어는 사회적 규칙과 구조를 바탕으로 의미를 전달하며, 사람들이 세계를 어떻게 인식하고 해석하는지에 큰 영향을 미친다. 언어를 통해 타인과 소통하기 위해서는 언어 기호와 의미를 알아야 하는데 의미를 정확히 이해하려면 그 언어가 사용되는 상황 맥락을 이해해야 한다. 맥락은 의사소통에서 중요한 역할을 하는데, 여기에는 사회문화적 맥락이 있고 상황적인 맥락이 있다. 같은 단어라 할지라도 사용되는 맥락에 따라 다른 의미로 전달된다. 언어는 인간의 경험과 맥락을 조직하는 핵심 도구다. 맥락에 대한 이해 없이 언어를 사용하는 것은 제대로 된 의미 전달을 포기하는 것과 같다.

언어의 작동 방식, 즉 기능에 대한 접근이 체계기능언어학(Systemic Functional Linguistics)이다. 여기서 '기능적(functional)'이라는 말은 언어를 구성하는 부분이 내적으로 기능하는 방식과 사회 속에서 외적으로 기능하는 방식을 의미한다(Banks, 2019). 다음으로, 언어를 사용하고 선택하는 과정에서 연결된 네트워크를 다룬다는 의미에서 '체계적(systemic)'이라고 한다.

언어학자 마이클 할리데이(Michael A.K. Halliday)는 언어의 기능을 세 가지 측면(관념적, 대인적, 텍스트적)에서 설명하고 있다. 먼저 언어의 관념적 기능으로 이 기능을 통해 인간이 자신의 경험을 의미의 체계로 조직한다는 점을 강조했다. 언어는 우리가 경험을 이해하고 해석하는 주된 수단으로, 그것을 의미의 체계로 구성하게 해 준다(Halliday, 1994). 예를 들어 우리는 사물에 이름을 붙이고, 사건을 시간순으로 서술하며, 추상적인 감정을 개념화하는 언어 능력을 통해 현실을 구성한다. 이 기능 덕분에 언어는 시대에 따라 변화하고, 개인의 창의성에 따라 확장되며, 끊임없이 새로운 의미를 창출한다. 즉, 언어는 단지 현실을 반영하는 것이 아니라, 현실을 창조하고 재구성하는 도구다.

다음은 언어의 대인적 기능으로 이 기능은 사회적 관계를 수행하고 정체성을 드러내는 것에 주목한다. 언어는 단순히 정보를 전달하는 체계가 아니라, 사회적 관계를 수행하는 자원이다(Halliday, 1978). 즉 인간은 언어를 통해 권위, 친밀감, 감정 상태를 표현하고 조율할 수 있다는 것이다. 이 기능을 통해 우리는 단순한 정보의 교환을 넘어서, 사회적 연결망을 형성하고 유지하며, 타인과의 상호작용 속에서 의미를 만들어 간다.

마지막으로 언어의 텍스트적 기능이다. 모든 의사소통은 특정한 맥락 안에서 이루어지는데, 같은 단어라도 언제, 어디서, 누구에게 말하느냐에 따라 의미가 달라질 수 있다. 이는 텍스트적 기능의 핵심이다. 그는 언어가 맥락에 맞게 메시지를 조직하고 연결하는 방식에 주목하는데, 언어의 텍스트적 기능은 화자나 필자가 주어진 맥락 속에서 의미 있는 메시지, 즉 텍스트를 구성할 수 있게 해 준다(Halliday & Matthiessen, 2004). 이는 뉴스 기사, 정치 연설, 일상 대화처럼 다양한 담화 장르에서 언어가 어떻게 의미를 정돈하고 흐름을 형성하는지를 이해하는 데 중요한 통찰을 제공한다.

언어는 단순한 기호 체계나 의미 전달 수단이 아니라, 인간이 사회적 관계를 형성하고, 맥락 속에서 의미를 구성하며, 경험과 세계를 해석하는 데 사용하는 핵심 도구다. 언어에 대한 기능적 접근은 언어의 이러한 다층적인 역할을 세 가지 메타 기능으로 체계화함으로써, 언어가 인간 삶 전반에 걸쳐 얼마나 깊이 작용하는지를 명확히 보여 준다. 관념적 기능은 세계를 표현하고, 대인적 기능은 의사소통하는 사람들 사이의 관계를 나타내고, 텍스트적 기능은 메시지를 구성할 수 있게 한다. 또 언어는 진공 상태에서 다루어질 수 없으며, 특정한 시간과 장소에 영향을 받는다. 우리가 타인과 소통하기 위해 사용하는 언어는 우리의 생활 및 의사소통 방식과 관련되어 있다. 의사소통은 사회 속에서 이루어지므로 언어를 이해한다는 것은 곧 사회와 문화, 그리고 사고의 작동 원리를 이해하는 일이기도 하다.

참고문헌

배상식(2015). L. S. 비고츠키의 언어개념=언어와 사고의 관계를 중심으로. 《철학연구》, 133권, 119~145.

Banks, D.(2019). *A Systemic Functional Grammar of English.* Routledge. 이관규 외 옮김(2023). 『체계기능언어학의 기초』. 박이정.

Halliday, M. A. K.(1978). *Language as social semiotic: The social interpretation of language and meaning.* London: Edward Arnold.

Halliday, M. A. K., & Matthiessen, C. M. I. M.(2004). *An introduction to functional grammar (3rd ed.).* London: Arnold.

Halliday, M. A. K.(1994). *An introduction to functional grammar (2nd ed.).* London: Edward Arnold.

Harari, N. Y.(2011). *Sapiens.* Dvir Publishing House Ltd. 조현욱 옮김(2018). 『사피엔스』. 김영사.

Vygotsky, L. S.(1962). *Thinking and Speech.* The M.I.T. Press. 이병훈 외 옮김(2013). 『사고와 언어』. 한길사.

03

읽기 과정의 모형

읽기 과정은 사고의 과정과 같다. 읽기 경험을 많이 하는 것은 사고 경험을 많이 하는 것이라 할 수 있다. 독자는 자신의 경험과 지식, 정보를 기반으로 읽기에 참여한다. 독자는 배경지식을 바탕으로 텍스트를 읽으며 의미를 재구성하게 되는데, 이러한 의미 구성 과정이 사고 과정이다.

읽기란?

글자를 처음 읽었을 때를 기억하는가? 세상의 비밀을 알아낸 것 같은 희열과 나도 글을 읽을 수 있다는 뿌듯함을 느끼지 않았는지. 단순히 글자를 읽을 수 있다는 것만으로도 의미가 있겠지만, 핵심은 의미까지 알게 되었을 때 더욱 의미가 있다. 기호 체계에 의미를 부여하고 그 의미를 이해하는 것은 인간만이 가능하다. 읽는다는 것은 우리 자신이 어떤 존재인지, 더 나아가 우리 자신뿐 아니라 우리가 속해 있는 세계는 무엇인지를 읽어 낸다는 것이다. 일반적으로 읽는다고 하면 종이로 인쇄된 책을 읽는 것(독서)을 의미한다. 초기 독서는 상류층의 전유물이었으며 일부 계층에서 엘리트 또는 지도자로서 역량을 기르는 데 필요한 것이었다. 그러나 근대 이후 지식과 정보의 매체인 책이 더 이상 일부 계층의 전유물이 아니라 사회 구성원 모두의 것이 되었다. 인쇄술의 발달로 책의 보급이 확대되었고 책을 통한 정보 공유와 의사소통이 확대되었다(신현재 외, 1990).

읽는다는 것은 숨 쉬는 것처럼 필수적이다. "읽기는 쓰기에 선행한다. 글을 쓰지 않고도 사회는 존립할 수 있다. … 그렇지만 읽지 않는 사회는 결코 존재할 수 없다." (Manguel, 2000) 인간은 언어를 통해 사고를 확장하고, 타인의 경험과 지혜를 자신의 삶 속으로 받아들인다. 책과 글은 정보의 저장소일 뿐만 아니라, 새로운 세계로 들어가는 창이며, 자기 자신을 성찰하게 만드는 거울이 된다. 독서를 통해 우리는 삶의 의미를 발견하고, 복잡한 사회 속에서 올바른 판단을 내릴 수 있는 힘을 기른다. 마치 호흡이 우리를 살아 있게 하듯, 읽기는 우리를 생각하게 하고, 성장하게 하며, 공동체의 일원으로 함께 살아가도록 돕고, 더 나은 삶으로 이끌어 준다.

읽는다는 것은 문자나 기호, 그림 등으로 표현된 정보를 이해하는 인지적 활동이며 해석 과정이다. 읽기는 초기 단계에는 글자나 단어를 눈으로 인식하는 것에서 시작되지만, 점차 우리가 얻고자 하는 정보나 의미를 추론하고 해석하는 복잡한 인지로 확대된다. 밤하늘 별들의 움직임을 읽는 천문학자, 철새들의 이동 경로를 읽는 조류학자, 갓 태어난 아기의 표정을 읽는 부모, 무용가의 몸짓에서 슬픔과 기쁨을 느끼는 관중 등, 이들의 모든 행위는 의미를 이해하고 해석하기 위한 읽기 행위다. 읽기는 문자 해독을 넘어 사고하고 해석하며 소통하는 복합적인 인지 활동인 것이다. 특히 대량의 정보가 넘쳐나는 시대에 접어들면서 읽기의 성격과 읽기에 필요한 역량 역시 변화했다.

읽기의 인지적 과정

읽기는 인간의 고등 인지 활동 가운데 핵심적인 과정으로 문자 해독을 넘어 의미 구성과 비판적 사고를 포함하는 복합적 행위다(Perfetti, 1999). 또 읽기는 모든 교육과 학습의 도구다. 독자가 텍스트와 상호작용하는 과정에서 이루어지는 다양한 인지적 활동을 탐구하는 것은 학습, 사고, 의사소통의 본질을 이해하는 데 중요한 단서가 된다. 정규 교육이든 비정규 교육이든 배우고 가르치는 일의 중심에 읽기가 있다.

독자는 글자를 인식하는 순간부터 의미를 구성하고, 자신의 배경지식과 경험을 동원하여 텍스트와 상호작용한다. 이 과정은 크게 하위 인지 과정과 상위 인지 과정으로 나눌 수 있다. 먼저 하위 인지 과정은 글자를 해독하고 단어와 문장을 인식하는 기초적 단계다. 시각적 자극을 받아 글자의 형태를 판별하고, 음운 정보를 활성화하여 소리를 떠올리거나 의미를 연결한다. 이 과정이 자동화되어야 원활한 독서가 가능하다. 초등 시기의 기초 해독 능력은 이후 심화된 이해 활동의 토대가 된다. 다음으로 상위 인지 과정은 추론하며 비판적으로 평가하는 과정이다. 독자는 문맥을 고려하여 글쓴이의 의도를 파악하고, 텍스트의 내용을 기존 지식과 통합하여 해석한다(Kintsch, 1997). 또 독자는 스스로 이해를 점검하며 필요한 경우 다시 읽거나 읽기 전략을 설정하고 읽기 과정을 조정한다. 고등 사고는 논리적 · 비판적 · 창의적 사고력을 말하며, 이들 사고력은 상호 의존적이며 통섭적인 모습을 갖는다(김종률, 2011).

읽기 과정에는 저자와 텍스트, 그리고 독자 변인이 복합적으로 작용한다. 독자는 텍스트에 담긴 의미를 해석하고 이해하기 위해 생각하며 읽는다. 이때 독자가 어떻게 텍스트를 읽는가에 따라 의미 구성이 달라질 수 있다. 독자의 읽기 과정은 심리학적 관점 및 학습 방법과 밀접한 관련이 있다. 독자의 읽기 과정은 세 가지 모형으로 연구되었다. 세 가지 모형은 상향식 모형(bottom-up model), 하향식 모형(top-down model), 상호작용 모형이다. 상향식 모형은 초기 읽기 과정 연구의 기초가 되었다. 상향식 방식은 개개의 낱글자에서 시작하여 단어를 인지하고 그다음 문장으로 나아가는 읽기 과정에 주목한다. 읽기를 낮은 수준에서 높은 수준으로 한 단계씩 이행하는 방식으로 보통 초보 단계의 독자들이 상향식 접근을 한다고 본다.

인지 과정에 대한 연구가 발전하면서 상향식 모형에 대한 한계가 드러나고 새로운 관점이 대두되었다. 하향식 모형에서 읽기는 독자와 텍스트의 상호작용이며, 저자가 전달하려는 메시지를 독자가 능동적으로 재구성하는 과정이다. 독자가 텍스트에 의존하지 않고 자신의 배경지식을 적극 활용하면서 읽기 과정에 참여한다고 보는 것이다. 텍스트의 표면적 이해에 그치지 않고 독자가 자신의 경험과 지식을 바탕으로 추론하고 예측하며 읽는 적극적 읽기 과정을 중시한다.

상호작용 모형은 읽기 과정에 통합적 접근을 반영한 모형이다. 독자는 읽기 목적과 상황에 따라 두 가지 읽기 모형 중 효과적인 방식을 전략적으로 선택한다. 선택한 방식이 효과적이지 않다면 다른 방식으로 전환한다. 문자, 단어, 문장 등을 통해 정확한 정보를 파악하여 의미를 구성하기 위해서는 상향식 처리가 효과적이고 배경지식과 경험을 토대로 글의 내용을 추론하고 예측하기 위해서는 하향식 방식을 취할 수 있다. 이를 적절히 조합하여 읽기 과정을 수행하는 독자가 숙련된 독자인 것이다.

인지심리학 연구에 따르면, 읽기란 독자가 텍스트의 정보와 자신의 배경지식을 결합하여 의미를 창출하는 과정이다. 책을 읽음으로써 우리는 새로운 관점과 아이디어를 접하고, 사고 범위를 넓힐 수 있다. 또 독서는 언어 능력 향상, 집중력 강화, 사고의 심화에도 중요한 역할을 한다. 독서는 단순히 글자를 읽는 행위 이상이며, 정보를 받아들이고, 그것을 자신의 사고와 연결하는 과정이다. 독자는 다양한 정보를 담은 책을 통해 새로운 사실을 알게 되고 지식의 범위를 넓힌다. 여러 저자의 글을 통해 다양한 관점을 접하게 되고 새로운 시각의 해석을 접하게 되는데 이러한 것들이 우리의 사고를 자극한다. 또 독서는 우리의 상상력을 자극한다. 소설과 같은 문학 작품을 읽을 때, 독자는 창의적인 상상력과 감성을 자극받는다.

학교에서 독서 문화 형성을 위해 힘쓰고 다양한 독서 프로그램을 운영하는 이유는 독서가 사고력 신장에 영향을 주기 때문이다. 각 교과의 내용을 이해하고 탐구하기 위해서는 교과별 읽기 자료를 잘 읽을 수 있도록 지도하는 것이 필요하다. 읽기는 독자의 배경지식과 텍스트의 상호작용으로 구성되며, 스키마 이론이 이 과정을 설명하는 주요 이론이다(Anderson & Pearson, 1984). 즉, 읽기 교육이 해독 훈련에 머물지 않고 학생들이 배경지식을 확장하고 맥락 속에서 의미를 구성할 수 있도록 교수자는 다양한 텍스트와 경험을 제공해야 한다. 또 읽기 유창성과 독해 전략을 병행해 가르치는 것이 효과적이다.

청소년의 사고력을 높이기 위해 다양한 읽기 교육 프로그램이 운영되고 있다. 청소년들은 그들이 직면하게 될 모든 문제를 예측하기는 어렵지만 독서 교육을 통해 사고력을 확장한다면 자신의 삶을 조절하고, 새로운 도전에 더 잘

대처할 수 있다. 독서 수업은 학생들의 사고력과 의사소통 능력을 동시에 높일 수 있다(Collins, 1991, Fisher, 2001). 청소년뿐 아니라 대학생에게도 독서는 중요하다. 대학생을 대상으로 하는 연구에서 독서는 사고를 확장하고 경험을 확대하여 학문 탐구 능력, 문해력, 통합적 사고력 등 핵심 역량에 도움을 주는 것으로 나타났다(최선경, 2018).

읽기의 사회문화적 맥락

읽기는 개인의 내면에서 일어나는 고립된 과정이 아니다. 사회적 환경, 문화적 배경, 그리고 담론 공동체의 영향 속에서 이루어지는 사회적 실천이다. 뉴리터러시(New Literacy)는 읽기를 '사회적 실천'으로 정의하며, 문식성이 특정 사회 제도와 문화에 깊이 뿌리내려져 있음을 강조한다(Gee, 2008). 학교 문식성과 가정 문식성, 디지털 문식성 등 다양한 문식성 환경은 각각 고유한 읽기 양식을 요구하며, 사회문화적 자원이 읽기 능력의 차이를 만들어 낸다. 따라서 읽기 교육은 학생 개개인의 다양한 문화적 배경과 읽기 경험을 존중하고 반영해야 한다. 학생들의 다양한 읽기 경험과 문화적 배경을 인정하고, 현실 세계에서 사용하는 다양한 텍스트를 교육에 적용해야 한다. 종국에는 학생들이 읽기를 통해 사회와 소통하며 자신의 정체성을 형성할 수 있도록 해야 한다.

모든 텍스트는 특정한 목적, 가치관, 권력 구조를 담고 있기 때문에 독자는 단순히 정보를 수용하는 데서 그치지 않고, 텍스트를 비판적으로 분석하고 평가할 능력을 갖추어야 한다. 비판적 읽기 능력은 텍스트를 구성하는 이데올로기와 담론을 인식하고 해체할 수 있는 능력이다(Luke & Freebody, 1999). 뉴스 기사, 광고, 사회관계망서비스(SNS) 게시물 등 현대 사회의 다양한 텍스트들은 모두 저마다의 메시지와 의도를 내포하고 있다. 따라서 독자는 텍스트의 표면뿐 아니라 이면을 읽어 내고, 그 속에 숨겨진 사회적 의미와 권력관계를 파악할 필요가 있다.

비판적 읽기 능력을 키우기 위해서는 다양한 텍스트를 분석하고, 그 이면에 담긴 메시지와 사회적 함의를 탐구하는 활동이 중요하다. 이를 위해서는 자기 생각을 표현하고 텍스트를 능동적으로 재구성할 수 있도록 교육하는 것이 필요하다. 읽기는 단순한 정보 수용이 아니라, 사고하고 비판하며 세상과 소통하는 적극적인 실천 방법이기 때문이다. 인지적 기술뿐 아니라 사회적 감수성과 비판적 사고 능력이 함께 길러질 때, 비로소 진정한 읽기 역량이 완성된다. 사회문화적 맥락을 이해하는 읽기를 통해 개인은 성장하며, 사회는 더욱 깊이 있는 소통과 연대를 실현할 수 있다.

참고문헌

김종률(2011). 사고력 중심의 읽기와 쓰기 통합 방법 연구. 《우리말글》. 53권. 85~110.

신현재 외(1990). 『독서교육의 이론과 방법』. 서광학술자료.

최선경(2018). 조선시대 사가독서제를 모델로 한 대학 독서교육 프로그램의 성과와 과제. 《사고와표현》, 11권 1호, 93~124.

Anderson, R. C., & Pearson, P. D.(1984). A schema-theoretic view of basic processes in reading. In P. D. Pearson(Ed.), *Handbook of Reading Research*(pp. 255~291). Longman.

Collins, C.(1991). Reading instruction that increases thinking abilities. *Journal of Reading*, 34(7), 510~516.

Fisher, R.(2001). Philosophy in primary schools: fostering thinking skills and literacy. *Reading*, 35(2), 67~73.

Gee, J. P.(2008). *Social Linguistics and Literacies: Ideology in Discourses* (3rd ed.). Routledge.

Kintsch, W.(1998). *Comprehension: A paradigm for cognition.* Cambridge University Press.

Luke, A., & Freebody, P.(1999). Further notes on the Four Resources Model. *Reading Online.*

Manguel, A.(2000). *A History of Reading.* 정명진 옮김(2020). 『독서의 역사』. 세종서적.

Perfetti, C. A.(1999). Comprehending written language: A blueprint of the reader. In C. M. Brown & P. Hagoort(Eds.), *The neurocognition of language* (pp. 167~208). Oxford

University Press.

04

읽기 전략과 메타인지

책을 읽을 때 '뭐가 뭔지 모르겠어'라고 생각하는 경우, 모르는 것이 무엇인지, 그것을 알기 위해 무엇을 해야 하는지 한 번 더 생각하게 된다. 이렇게 자신의 인지 현상에 대한 지식과 다시 생각하는 인지를 '메타인지'라고 한다. 스스로 읽기 과정에 대해 생각하고 점검하고 조절하는 메타인지 전략은 독해와 학습에 영향을 준다.

메타인지란?

지금은 넘쳐나는 정보와 지식의 홍수 속에서 정보를 정확히 이해하고 의미 있는 정보를 선별하기 어려운 시대다. 따라서 수동적인 정보 수용의 단계에 머물지 않고 적극적으로 사고하고 비판적으로 바라볼 수 있어야 한다. 이때의 인지가 메타인지(metacognition)다. 존 플라벨(John Flavell)은 저서 『Metacognition and Cognitive Monitoring(메타인지와 인지 모니터링)』에서 메타인지를 '인지에 관한 지식, 또는 인지적 노력의 양상을 조절하는 지식'이라고 정의하였으며, 메타인지 지식과 메타인지 경험을 통합한 인지 모니터링 모델을 설명했다.

메타인지는 크게 메타인지적 지식과 메타인지적 조절, 두 가지 요소로 구성된다. 메타인지적 지식은 자신이 무엇을 알고 있는지, 어떤 전략이 효과적인지를 아는 '지식' 차원의 인지다. 메타인지적 조절은 실제 과제를 수행할 때 사고 과정을 '계획하고, 모니터링하고, 평가하는' 조절 기능이다. 메타인지의 구성 요소를 볼 때, 메타인지는 단순히 정보를 기억하거나 이해하기 위한 것이 아니라 읽기와 학습의 방향을 제시하는 역할을 한다는 것을 알 수 있다. 보통 읽기 전략으로 분류되는 '요약하기', '밑줄 긋기', '질문하기' 등의 활동이 메타인지 전략으로 작동하기 위해서는 전략을 사용하는 시점과 이유, 효과에 관한 판단이 동반되어야 한다. 지금 필요한 전략이 무엇인지, 여러 전략 중 어떤 전략을 적용할 때 효과가 있는지, 그 이유는 무엇인지 등의 판단이 이루어지면서 전략을 사용해야 한다. 즉, 단순한 전략 사용은 인지 전략이며, 전략 사용의 타당성과 조절은 메타인지 전략이 된다(Paris & Jacobs, 1984).

또 메타인지는 자기조절 학습 이론의 핵심 구성 요소다. 자기조절 학습이란 학습자가 스스로 목표를 설정하고 자신에게 적합한 전략을 계획하고 실행하며 결과를 평가하는 능동적 학습 과정이다(Zimmerman, 2000). 이 과정에서 학습자의 메타인지 능력은 계획-실행-점검-반성의 순환 구조를 통해 작동한다. 인간은 성장하면서 자신의 사고 과정을 관찰하고 조절하는 능력을 갖추게 되는데, 메타인지적 조절 능력은 초등 고학년부터 급격히 발달하며, 이는 체계적인 훈련을 통해 강화될 수 있다(Veenman et al., 2006). 메타인지 능력이 일부 우수한 학습자만의 특성이 아니라, 지도와 훈련을 통해 누구나 개발할 수 있는 능력이라는 점을 알 수 있다.

읽기 과정과 메타인지 기능

전통적인 읽기 개념은 문자 해독 중심이었으나, 현대 읽기 이론에서는 읽기를 '의미 구성' 과정으로 본다. 독자와 텍스트가 만나는 읽기 과정은 계획, 실행, 점검, 평가를 반복하고 순환하면서 의미를 구성하게 된다. 이 각각의 단계에 메타인지가 개입한다. 읽기 전에는 목적 설정, 텍스트에 대한 예측, 배경지식이 활성화된다. 읽는 중에는 이해도를 점검하고, 질문을 생성하며, 오류를 탐지한다. 읽은 후에는 텍스트를 요약하고, 평가한다. 이렇듯 세분된 읽기 과정에 메타인지 전략을 적용하는 것은 독해력 향상에 유의미한 영향을 미친다. 메타인지 전략을 적용한 읽기 훈련은 독해력 향상으로 이어지고 미숙한 독자는 점차 유능하고 능숙한 독자로 성장한다. 유능한 독자는 텍스트의 아이디어를 사전 지식과 연관시키고, 사전 지식과 연결하여 떠오른 이미지를 구성하고, 핵심 내용을 요약할 수 있게 된다.

앞서 설명한 것처럼 메타인지는 자신의 사고 과정을 인식하고 조절할 수 있는 능력으로, 때때로 독서 중 이해되지 않는 문장을 인지하고 천천히 생각하며 다시 읽어 보게 한다. 바로 이러한 행위가 메타인지가 작동하고 있다는 증거다. 읽기 연구에서 메타인지는 '능숙한 독자가 읽을 때 계획하고, 점검하고, 읽기 과정을 평가하는 것이다'라고 규정했다. 메타인지 전략은 읽기 과정을 설명하는 하나의 방법으로 모든 아동에게 메타인지 전략을 가르칠 수 있다

(Brown, 1982). 글을 읽으면서 자신의 읽기 과정을 스스로 점검하고 조정하게 하는 메타인지는 독해와 학습에 절대적인 영향을 준다(Brown, 1984). 메타인지적 독자는 몇 가지 특성이 있다. 먼저, 자신의 목적과 텍스트 유형에 따라 읽기 전략을 선별하는 전략적 선택을 한다. 다음으로 이해 여부를 스스로 확인하고 필요한 경우 다시 읽기 등 자기 점검을 실행한다. 마지막으로 목적을 이루지 못했을 경우 새로운 전략을 시도하며 고정된 방식에 머물지 않는 융통성이 있다. 숙련된 독자일수록 다양한 전략을 활용하며, 전략 사용의 '이유와 효과'를 스스로 인식한다(Afflerbach et al., 2008).

메타인지 전략을 적용해 볼 때, 독서(읽기) 지도는 교사 위주의 맹목적인 기법의 훈련이 아니라 학생들이 스스로 조절할 수 있는 훈련이 되어야 한다. 만일 학생들이 독해에 대한 기본적인 전략을 알고 활용할 수 있으며, 글의 구조를 적절히 분석할 수 있고, 또한 그들 자신의 기존 지식을 활용한다는 것이 얼마나 중요한가를 깨닫는다면 학생들은 더욱 효율적으로 독서할 수 있다. 메타인지적 읽기는 지적 자극을 극대화하고 탁월함을 경험할 수 있는 기회다. 독서의 성패는 독자 스스로 읽기 목표에 따라 인지 과정을 조정하면서 자신의 흥미와 동기를 유지하는 통제 능력에 의해 좌우된다. 다양한 읽기 전략은 메타인지의 도구일 뿐이며 중요한 것은 전략을 언제, 왜, 어떻게 사용할지를 아는 것이다. 예를 들어, 요약은 정보 처리 전략이지만, 요약이 자신의 이해에 얼마나 효과적인지를 판단하는 것은 메타인지다. SQ3R, KWL 같은 전략들도 단순히 절차를 따라 하는 것에 그치지 않고, 전략의 적절성을 판단하고 훈련할 때 메타인지적 효과를 얻을 수 있다. 메타인지 전략 훈련이 독서 성취도 향상에 미치는 영향을 분석한 연구에서, 자기 점검과 오류 인식 능력을 가진 학생들이 글의 구조를 파악하고 중심 내용을 이해하는 데 뛰어났다는 연구 결과가 있다(Baker & Brown, 1984). 특히 미숙한 독자에게 메타인지 훈련을 시행한 경우, 성취도 격차가 현저히 감소했다.

메타인지 기반 독서 교육

효과적으로 책을 읽는 방법과 전략을 흔히 독서 전략이라 하며, 이러한 독서 전략을 함께 지도할 때 독서 교육은 의미가 있다. 독서 전략은 글을 읽고 얻은 정보나 지식, 가치관, 생각 등 삶에 적용될 수 있는 것들을 보다 효과적이고 효율적으로 얻기 위해서 세우는 계획이나 방법을 말한다. 글을 제대로 이해하기 위한 전략을 세울 때는 글을 읽기 전, 읽는 중, 읽은 후로 나누어 배경지식, 글을 읽는 목적, 글의 성격, 주제, 핵심 내용 등을 각 부분에 맞게 생각해야 한다. 또 독서 전략은 독자가 책을 읽을 때 의미를 파악하기 위해서 사용하는 능동적, 조직적, 계획적인 활동으로서 독서 능력에 도달하기 위한 수단 또는 방법을 말한다. 독자가 텍스트(글)와의 상호작용을 통해서 의미를 이해하는 기능을 보통 독해라 하고, 독서한 내용을 장기 기억하는 과정을 학습 독서 기능이라 한다. 독해 혹은 학습 독서 등의 기능 개발을 위해서 훑어 읽기, 노트 필기 등의 다양한 방법을 동원하게 된다. 독서에 대한 정의는 문자 해독을 통한 기능 중심 독서에서 전략 중심의 독서로 새롭게 전환되었다(Goodman, 1970; Smith, 1973). 그리고 대부분의 독서 전략은 메타인지와 밀접한 관련이 있다.

글을 읽는다는 것은 텍스트의 의미를 이해하고 텍스트를 비판적으로 해석하며 새로운 지식으로 전환하는 것이다. 메타인지 기반 독서 교육에서는 자기 성찰과 조절을 유도하는 환경을 조성하는 것이 핵심이다. 이를 위한 메타인지 전략들로는 질문하기, 예측하기, 소리 내어 말하기, 독서 일지 작성 등이 있다. 질문하기는 독서 과정에서 스스로에게 이해했는지를 묻는 것이다. 예측하기는 다음에 올 내용을 예상하고 근거를 생각해 보는 것이다. 소리 내어 말하기는 자신의 사고 과정을 말로 표현하는 것이다. 독서 일지를 통해 독자는 자신의 읽기 과정과 전략을 기록하고 점검한다. 이러한 전략은 독자의 나이와 독서 경험에 따라 적용할 수 있다. 초등학생은 KWL 차트를 작성해서 배경지식을 활성화하고 다시 읽기 전략을 활용할 수 있다. 중학생은 자기 질문 리스트를 만들어 독서 활동 중 스스로 점검을 수행할 수 있다. 고등학생은 뉴스 기사나 비문학 독서 후 비판적 분석을 행하고 문제를 제기할 수 있다. 이러한 활동은 독서의 결과보다 '독서 과정'에 중심을 둔다. 디지털 환경에서의 읽기는 전통적 인쇄 매체 읽기보다 더 강력한 메타인지 전략과 자기조절이 요구된다(Coiro & Dobler, 2007).

독해 과정에서 메타인지 전략을 활용하면 독자는 자신의 이해도를 점검하고 문제 해결 전략을 적용할 수 있다. 예를 들어, 텍스트를 읽다가 모호한 부분에서 예측하기, 질문하기, 요약하기 등의 전략을 활용하는 것이 대표적이다. 이러한 전략은 독자의 능동적인 사고를 유도하고, 텍스트의 구조를 더 깊이 이해하도록 돕는다. 연구에 따르면, 메타인지 전략을 자주 사용하는 학생은 그러지 않는 학생보다 독해력에서 더 우수한 성취를 보였다(Pressley & Afflerbach, 1995).

최근 디지털 읽기 환경에서는 텍스트의 신뢰성을 비판적으로 검토하는 과정이 필요하다. 정보의 출처가 다양하고 정보의 질도 균일하지 않기 때문에, 독자는 출처의 신뢰도를 평가하고 허위 정보와 유의미한 정보를 구별해야 한다. 꾸준한 독서 실천은 자기 자신에 대한 이해와 사고의 확장, 비판적 분석을 가능하게 한다. 메타인지로 무장한 독자는 더 깊이 읽고, 더 명확히 사고하며, 더 성숙해진다. '깊이 읽는 능력'이 '의미 있는 삶을 살기 위한 능력'으로 연결되는 것이다. 메타인지는 읽기를 넘어, 글쓰기, 토론하기, 문제 해결, 자기 이해에 이르기까지 사고 과정을 이끄는 핵심이다. 메타인지적 독자는 단순히 텍스트를 읽는 사람이 아니다. 세상을 읽고, 타인을 읽으며, 자기 자신을 읽어 낼 수 있는 존재다. 메타인지적 읽기가 중요한 이유는 자신의 성장, 삶에 대한 성찰과 지혜를 얻는 길이기 때문이다.

참고문헌

Afflerbach, P., Pearson, P. D., & Paris, S. G.(2008). Clarifying differences between reading skills and reading strategies. *The Reading Teacher*, 61(5), 364~373.

Baker, L., & Brown, A. L.(1984). Metacognitive skills and

reading. In P. D. Pearson (Ed.), *Handbook of reading research* (Vol. 1, pp. 353~394). Longman.

Brown, A. L.(1982). Learning and development: The problems of compatibility, access, and induction. *Human Development*, 25(2), 89~115.

Brown, A. L.(1984). Metacognition, executive control, self-regulation, and other more mysterious mechanisms. In F. Weinert & R. Kluwe (Eds.), *Metacognition, motivation, and understanding* (pp. 65~116). Hillsdale, NJ: Lawrence Erlbaum Associates.

Coiro, J., & Dobler, E.(2007). Exploring the online reading comprehension strategies used by sixth-grade skilled readers to search for and locate information on the Internet. *Reading Research Quarterly*, 42(2), 214~257.

Flavell, J. H.(1979). Metacognition and cognitive monitoring: A new area of cognitive-developmental inquiry. *American Psychologist*, 34(10), 906~911.

Goodman, K. S.(1970). Behind the eye: What happens in reading. In H. Singer & R. B. Ruddell (Eds.), *Theoretical models and processes of reading* (pp. 470-496). International Reading Association.

Paris, S. G., & Jacobs, J. E.(1984). The benefits of informed instruction for children's reading awareness and comprehension skills. *Child Development*, 55(6), 2083-2093.

Pressley, M., & Afflerbach, P.(1995). *Verbal protocols of reading: The nature of constructively responsive reading. Hillsdale,* NJ: Lawrence Erlbaum.

Smith, F. (Ed.). (1973). *Psycholinguistics and reading.* Holt,

Rinehart & Winston.
Veenman, M. V. J., et al.(2006). Metacognition and learning: Conceptual and methodological considerations. *Metacognition and Learning*, 1(1), 3~14.
Zimmerman, B. J.(2000). Attaining self-regulation: A social cognitive perspective. In M. Boekaerts, P. R. Pintrich, & M. Zeidner(Eds.), *Handbook of self-regulation* (pp. 13-39). Academic Press.

05

독해에서의 고차원적 사고

독해는 텍스트를 이해하고, 맥락 속에서 의미를 구성하며, 새로운 사고를 확장해 나가는 복합적 인지 과정이다. 독해는 사고 발달의 핵심이며, 지식 재구성 과정이다. 이 과정에서 비판적 사고와 논리적 사고가 중요한 역할을 한다.

독해와 고차원적 사고

독해는 문자 해독을 넘어서 텍스트를 이해하는 지식 재구성의 과정이다(Kintsch & van Dijk, 1978). 텍스트를 이해하기 위해서는 추론과 맥락 파악, 배경지식 활성화가 필수적이다. 독해는 텍스트의 내용을 정확히 이해하는 수준을 넘어, 저자의 의도와 맥락을 분석하고, 자신의 지식과 연결하여 새로운 의미를 구성하는 과정이다. 독해 과정은 글의 구조와 전개 방식을 파악하고(논리적 사고), 제시된 주장과 근거의 타당성을 평가하여 다양한 관점에서 비판적으로 성찰하며(비판적 사고), 종합적으로 판단하여 가장 합리적인 결론을 도출하는(합리적 사고) 고차원적 사고가 발현되는 장(場)이자, 사고력을 훈련하고 심화하는 무대라 할 수 있다.

방대한 정보와 급속한 사회 변화 속에서 올바른 판단과 분별력은 필수적이다. 단순한 지식 습득을 넘어, 정보를 분석하고 평가하며 합리적으로 결정을 내릴 수 있는 고차원적 사고가 핵심 역량으로 주목받고 있다. 합리적 사고는 체계적이고 논리적으로 정확하게 판단하는 사고로, 다양한 정보와 관점을 종합하여 타당한 결론을 도출하는 지적 과정이다. 객관적 근거를 수집하고 기존의 정보와 지식에 의문을 제기하고 이를 토대로 분석하고 논의하는 고차원적인 지적 활동인 것이다. 합리적 사고는 감정이나 편견에 휘둘리지 않고, 객관적 근거에 기초하므로 특히 의사 결정 과정에서 매우 중요하다. 우리가 어떤 판단이나 결정을 내려야 할 때, 감정적으로 반응하거나 충동적으로 결정을 내리게 되면 당시에는 만족할 수 있지만, 문제의 본질을 놓칠 수 있다. 반면에, 문제의 본질이 무엇인지 분석하고 따져보며 모든 가능성을 고려하여 객관적이고 논리적으로 판단하여 결정한다면 좀 더 나은 결정을 내릴 수 있다.

우리 각자는 사회의 구성원으로서 자신이 속한 사회에서 만나는 타인들과 끊임없이 대화하고 협력하며 살아가야 한다. 개개인이 갖고 있는 목표도 있지만 함께 달성해야 하는 공동의 목표도 있고 때로는 공동체의 목표 달성 과정에서 일어나는 갈등도 해결해야 한다. 갈등 해결을 위해서는 감정을 자제하고 일관된 추론과 근거를 통해 대화하며 과장되거나 왜곡된 정보를 분별하여 합리적으로 판단할 수 있어야 한다. 쏟아지는 뉴스, 사회관계망서비스(SNS)의 파편화된 주장들, 욕망을 자극하는 광고와 상업적 마케팅의 홍수 속에서 사실과 거짓을 구분하고 올바른 판단을 내릴 수 있는 능력이 중요하다. 합리적 사고는 이해관계가 복잡한 사회에서 문제를 해결하고 타협점을 찾고 협력하여 살아가기 위해 필수적이다.

합리적 사고는 우리의 행동과 선택 과정에서 논리적 일관성을 갖추고 감정을 조절하여 스스로 자기 통제력을 발휘할 수 있도록 도와주고 자신의 생각을 객관적으로 평가하고 편견과 오류를 인식하게 해 더 나은 사고와 행동을 할 수 있도록 돕는다. 민주주의는 한 사람, 한 사람을 존중하고 각자가 자신의 생각을 자유롭게 표출하되 질서를 지키고 억압과 폭력이 없는 평화로운 공존의 사회다. 우리가 각자 자신의 사고와 행동을 돌아보고 타인과 협력하고 소통할 때, 복잡한 문제를 해결할 수 있고 민주주의를 지키며 지금보다 더 나은 사회를 만들 수 있다.

독해 과정에서의 비판적 사고

비판적 사고란 단순히 비난이나 회의적인 태도가 아니다. 독해 과정에서 독자가 텍스트를 무비판적으로 수용하지 않고 타당성과 신뢰성을 점검하는 것은 비판적 사고로 가능하다. 비판적 사고는 주어진 정보를 있는 그대로 무조건 수용하는 것이 아니라, 논리적 구조의 허점은 없는지, 숨겨진 의도가 있는지 등을 점검하는 능동적 태도다. 정보의 과잉 시대에 우리는 수많은 주장과 메시지를 접한다. 이 중 어떤 정보들이 사실에 부합하는 것인지, 숨겨진 의도는 무엇인지, 의도가 있는 주장일 뿐인지 그리고 해당 출처가 분명한지 확인이 필요하다. '과학적으로 입증된', '많은 사람들이 사용한다', '유명인이 추천했다'는 말들 뒤에는 설득을 위한 전략이 숨겨져 있다. 이때 중요한 것은 '그 주장의 근거는 무엇인가?', '그것은 사실인가?'라는 질문을 던지는 것이다. 예를 들어 '청소년의 스마트폰 사용이 성적 저하를 유발한다'라는 뉴스를 접할 때, 우리는 그것이 단순한 연관성인지, 실제 인과관계인지 따져 볼 필요가 있다. 또 데이터를 활용한 주장이라 하더라도, 표본이 충분한지, 결과를 일반화할 수 있는지 등을 검토해야 한다.

비판적 사고는 교육에서도 중요한 역할을 한다. 학생들이 교과서나 교사의 설명을 그대로 받아들이는 것이 아니라, 질문하고 탐구할 수 있어야 한다. 이는 학생들이 독립적인 사고를 할 수 있는 기반이 되며, 창의성과도 밀접한 관련이 있다. 비판적 사고는 합리적 사고를 위한 첫걸음이다. 이를 위해서는 주어진 정보를 수용하기 전에 한 번 더 질문하고, 숨겨진 전제나 논리의 비약을 파악하는 것이 필요하다. 비판적 사고는 타당한 근거와 논리적 연결성을 찾기 위한 사고로, 특히 가짜 뉴스 판별, 광고 속 주장 해석 등 미디어 문해력에 필수적이다.

우리는 일상의 모든 순간에 '왜?'라고 질문하지는 않는다. 그러나 때로 반복되는 일, 당연한 것들에 대해 '왜?'라는 질문을 해 보는 것이 필요하다. '왜'라는 질문을 시작으로 비판적으로 사고하다 보면, 이유나 근거를 제시하지 않고는 결론에 도달할 수 없다. 비판적 사고는 무엇을 수용해야 하고 거부해야 하는지, 무엇을 주장하고 제안해야 하는지 스스로 이해할 이유를 찾는 과정이기 때문이다(김주현, 2012). 이러한 비판적 사고는 학습의 질을 결정하는 중요한 지표의 하나다. 비판적 사고의 중요성에 대해서는 학자들 간 어느 정도 합의가 이뤄졌지만, 비판적 사고를 어떻게 정의하는가에 대해서는 합의가 이뤄지지 않았다(Facione, 1990). 비판적 사고에 대한 최초의 논의는 존 듀이에 의한 비판적 사고 기술 개념이다. 듀이는 비판적 사고를 문제에서 시작하여 해결책을 마련하고 마지막에는 자기 해석으로 끝나는 과정으로 인식했다(Kuhn, 1991).

비판적 사고는 모든 이용할 수 있는 정보를 통합하고 설득력 있고 정당화될 수 있는 가설이나 결론에 도달하기 위해 문제를 탐구하는 것을 목적으로 한다(Kurfiss, 1988). 또 비판적 사고는 추구할 가치가 있는 질문을 식별하고, 지식에 대한 자기주도적 탐색을 통해 질문을 추구하는 능력, 논쟁에 여지가 있다는 감각, 자신의 주장을 뒷받침하는 증거를 제시할 수 있는 능력을 포함한다고 정의된다(Pithers & Soden, 2000). 이러한 논의는 비판적 사고가 다양한 조건을 검토하고 가장 합리적이고 논리적인 것을 선택함으로써 문제를 해결하고 질문에 답하고자 하는 의도로 시작하는 사고의 과정이라는 것을 시사한다.

논리적 사고: 일관성과 타당성의 추구

논리적 사고는 정보를 분석하고 이를 체계화해 결론에 도달하는 과정에서 일어나는 인지 활동이다. 귀납과 연역, 인과관계와 상관관계의 구분, 전제와 결론의 관계 등을 이해하는 것이 핵심이다. 논리적 사고 능력은 논술, 토론, 문제 해결뿐 아니라 일상적인 대화나 판단을 내려야 하는 상황에서도 중요하다. 논리적으로 사고한다는 것은 사실을 근거로 논리적 관계를 파악하고자 하는 정신 활동을 의미한다.

우리는 흔히 논리적 오류에 빠지곤 한다. 잘못된 인과관계로 타인의 주장을 왜곡하거나 논점을 흐릴 수 있다. 이러한 오류를 인식하고 판단할 수 있는 능력은 토론이나 글쓰기에서 매우 중요하다. 논리적 사고는 학문적인 영역에만 필요한 것이 아니다. 소비자의 눈으로 상품 정보를 분석하거나, 직장에서 업무 보고서를 검토할 때도 논리적으로 사고해야 한다. 학문 연구나 일상생활, 직장 업무 등 여러 상황에서 일어나는 의사 결정에 논리적 틀을 적용하고 이를 통해 좀 더 명확하고 신뢰할 수 있는 결론에 도달할 수 있다.

논리적 사고는 다양한 측면에서 필수적이다. 장 피아제(Jean Piaget)는 논리적 사고를 구체적 및 추상적 단계에서 관찰되는 능력으로 정의한다. 구체적 조작 단계의 학생들은 논리적 사고 능력을 사용하여 문제를 해결할 수 있다. 논리적 사고는 문제 해결을 위한 능력에 직접적인 영향을 미치고, 타인을 설득하고 의사소통을 원활하게 하는 데 영향을 준다. 논리적 사고는 복잡한 상황에서 주요 논점을 명확하게 파악하는 데도 효과적이다. 다양한 문제를 해결하는 방법, 그리고 대안을 제시하고자 할 때 논리적이고 체계적인 사고는 필수다. 논리적 사고는 문제 해결을 위한 단계 중의 하나다. 이러한 이유로 복잡한 문제를 해결할 수 있는 사람은 충분한 논리적 사고와 추론 능력을 갖추고 있다고 본다.

한편, 학생들의 학습에 영향을 미치는 인지 능력 중 하나가 논리적 사고 능력이다. 논리적 사고 능력은 문제를 해결하거나 일반화 또는 추상화를 통해 원칙이나 규칙에 도달하는 개인의 능력이다. 교육 분야에서는 논리적 사고 능력을 주제로 연구가 진행되었다. 가령 중학생을 대상으로 한 연구에서 성별과 논리적 사고 능력이 과학 학습 성취와 과학에 대한 긍정적 태도에 유의미한 영향을 미친다는 점을 밝혔다(Sungur & Tekkaya, 2003). 특히 논리적 사고 능력이 높은 학생은 복잡한 과학 개념을 더 효과적으로 이해하고, 그 결과 학습에 대한 자신감을 갖고 긍정적 태도를 형성했다. 이와 유사하게 대학생을 대상으로 한 연구에서도 논리적 사고 능력이 자기주도적 학습 능력과 과학 성취에 중요한 영향을 미친다는 것을 밝혔다(Lawson et al., 2007). 과학적 추론 능력은 학생들이 스스로 학습을 조절하고 개념적 이해를 심화하는 데 핵심 요인으로 작용했다.

논리적 사고는 단순한 문제 해결의 도구가 아니라, 삶을 대하는 태도이자 지적 성숙의 핵심이다. 그것은 사고의 흐름 속에서 일관성과 타당성을 끊임없이 추구하는 노력이다. 논리적 사고를 생활 속에서 실천하는 사람은 주어진 정보를 받아들이는 것에 그치지 않고, 그 정보가 서로 모순되지 않는지, 주장의 근거가 합리적인지를 검토한다. 이러한 습관은 더 명료한 판단을 가능하게 하고, 타인에게 신뢰감을 준다. 물론 인간은 감정의 지배를 받고 때로 편향된 시각에 치우쳐 판단할 수 있다. 논리적 사고는 이러한 한계를 인정하는 데서 출발한다. 감정과 경험을 무시하지 않으면서도, 그 속에서 더 합리적인 선택을 지향하는 과정이 바로 논리적 사고다. 따라서 논리적 사고는 완벽한 이성을 의미하는 것이 아니라, 더 나은 결정을 향한 지속적인 성찰과 점검을 의미한다. 비판적 사고, 합리적 사고, 감정 조절 능력은 서로 고립된 능력이 아니라 상호 연결된 도구로서, 반복적 연습을 통해 강화된다. 누구나 학습과 경험을 통해 논리적 사고를 발전시킬 수 있으며, 이를 통해 자신의 삶을 보다 일관되고 타당한 방식으로 설계할 수 있다. 논리적 사고란, 진리에 도달하려는 과정 그 자체이자, 더 깊고 성숙한 삶을 가능하게 하는 지적 습관이라 할 수 있다.

참고문헌

김주현(2012). 『생각의 힘: 비판적 사고와 토론』, 아카넷, 서울.

Facione, P. A.(1990). *Critical thinking: A statement of expert consensus for purposes of educational assessment and instruction* (The Delphi Report). American Philosophical Association.

Kintsch, W., & van Dijk, T. A.(1978). Toward a model of text comprehension and production. *Psychological Review*, 85(5), 363~394.

Kuhn, D.(1991). *The Skills of Argument.* Cambridge University Press.

Kurfiss, J. G.(1988). *Critical Thinking: Theory, Research, Practice, and Possibilities. ASHE-ERIC Higher Education Reports,* The George Washington University.

Lawson, A. E., et al.(2007). Self-efficacy, reasoning ability, and achievement in college biology. *Journal of Research in Science Teaching: The Official Journal of the National Association for Research in Science Teaching*, 44(5), 706~724.

Pithers, R. T., & Soden, R.(2000). Critical thinking in education: A review. *Educational research*, 42(3), 237~249.

Sungur, S., & Tekkaya, C.(2003). Students' achievement in human circulatory system unit: The effect of reasoning ability and gender. *Journal of Science Education and Technology*, 12, 59~64.

06

분야별 읽기와 사고

전문 분야마다 읽는 방법이 다르다는 사실을 깨닫는 순간, 우리는 비로소 읽기가 단순한 기술이 아니라 특정 분야에 필요한 사고방식이라는 것을 이해하게 된다. 각 학문 분야가 지닌 고유한 언어와 사고의 틀을 이해하고 자신의 것으로 만들 때 학문 공동체의 일원이 되고 전문가로 성장할 수 있다.

분야별 읽기와 사고, 왜 달라야 할까?

일반적으로 문해력은 읽고 쓸 수 있는 능력을 말한다. 흔히 '읽기'라고 하면 글자를 해독하고 내용을 이해하는 것을 떠올린다. 그러나 교육학자들은 읽기는 한 단계에서 끝나는 것이 아니라, 발달 수준에 따라 깊이가 달라지는 사고의 단계가 있음을 주장한다. 읽기는 단순한 기술이 아니라 점진적 발달 과정이다. 읽기를 세 단계로 나누어 보면(Shanahan & Shanahan, 2008), 기초 읽기는 문자 해독 및 모든 읽기 과제에 필요한 기초적인 지식 단계로 글자를 소리 내어 읽고 기본적인 뜻을 이해할 수 있는 단계다. 중급 읽기는 글 전체 구조를 파악하고 주제를 정리할 수 있는 단계로 텍스트를 읽고 핵심 개념을 정리할 수 있다. 일반적인 독해 전략 구사와 어휘력 강화로 복잡한 텍스트 구조에 대한 이해가 가능한 단계다. 학문별 읽기는 수학, 과학, 사회, 역사와 같은 개별 학문 분야에서 요구하는 읽기로 학습 수준이 높은 고급 읽기 단계다. 기초 읽기를 지나 중급 읽기 단계를 거쳐 학문별 읽기에 도달할 때, 비로소 깊이 있는 사고와 전문적 학습이 가능하다.

분야별 읽기와 사고 능력은 학문 분야의 특성에 맞게 지식을 구성하고 전달하는 능력을 의미한다. 이를 통해 학생들은 정보 습득을 넘어서, 깊이 있는 학문적 사고와 연구 능력을 개발할 수 있게 된다. 학문 분야마다 특정한 언어 사용 방식, 지식의 조직 방법, 연구 방법론 등이 다르기 때문에, 각 분야의 특성에 맞춰 익혀야 한다. 예를 들어, 과학에서는 실험적 증거와 데이터 분석을 중심으로 사고하는 방식이 중요하며, 역사는 사료(史料)의 신뢰성과 다양한 시각을 비교하고, 맥락과 배경에 대해 이해하는 것이 중요하다. 문학은 여러 작품에서 표현하는 은유, 상징, 서사 구조를 해석하고 감정에 공감하는 감수성이 요구된다. 학문 분야별 읽기 능력에는 텍스트의 해석과 비판적 사고가 핵심이므로 이에 맞는 읽기, 쓰기, 사고방식을 배우는 것이 중요하다. 학문 분야별 언어적 규칙과 연구 방법을 이해하는 읽기 방식은 단순한 학습 전략이 아니라 그 분야의 사고방식을 배우는 과정이다.

학문 문식성과 사고방식

앞서 설명한 학문 분야별 읽기 능력은 특정 학문 분야에서 요구되는 사고와 문해력으로, 이를 학문 문식성(disciplinary literacy)이라고 한다. 학문 문식성은 모든 학문이 동일한 방식으로 읽고 쓰는 것이 아니라, 학문마다 고유한 탐구 방식, 증거 제시 방법, 글쓰기 관행이 있음을 전제로 한다. 개별 학문 분야는 내용뿐만 아니라 내용이 생산, 전달, 평가 및 혁신되는 방식에서도 다르다. 따라서 읽기와 쓰기와 같은 학문적 관행은 각 학문 내에서 가장 잘 배우고 가르칠 수 있다. 학문 문식성을 갖는다는 것은 학문적 내용과 학문적 사고 습관(즉, 읽기, 쓰기, 보기, 말하기, 생각하기, 추론 및 비판하는 방식)을 모두 이해하는 것을 의미한다. 학문 문식성을 지지하는 사람들은 학문 문식성 교육은 특정 학문 분야의 특성에 기반하여, 그 분야만의 고유한 인지 전략, 언어 능력, 읽고 쓰는 관행, 그리고 사고방식에 뿌리를 두고 가르쳐야 한다고 주장한다.

학문 문식성은 질문하기, 시각화하기, 요약하기와 같은 모든 과목 영역에 대한 인지적 전략을 제공하는 내용 문식성과는 다른 접근 방식을 나타낸다(Shanahan & Shanahan, 2012). 제임스 지(James Gee)는 '담론(discourse)'과 구별되는 '담론(Discourse, 대문자 D)' 개념을 제시했다. 담론(Discourse)은 단순히 언어 사용의 방식에 국한되지 않고, 특정 공동체가 공유하는 가치, 사고방식, 행동 양식, 정체성을 포괄하는 사회적 실천을 의미한다(Gee, 1999/2011). 이는 곧 학문 분야별 읽기와 쓰기를 단순한 기술적 능력이 아니라, 각 학문 공동체에 속하고 그 정체성을 수행하는 방식으로 이해해야 함을 보여 준다. 학문 문식성은 학문 공동체의 담론을 습득하고 지식 생산의 일원으로 참여하는 사회문화적 실천이다. 물리학자처럼 읽고, 역사학자처럼 쓰며, 문학 연구자처럼 의미를 구성하는 과정이 학문 공동체의 정체성과 권위에 참여하는 것이 된다.

학문 문식성이 갖는 주요 요소는 다음과 같다. 첫째, 학문적 언어와 장르 이해다. 각 분야는 고유의 언어적 규칙과 스타일을 가지고 있다. 과학에서는 정확한 실험 절차와 데이터에 관한 서술이 중요하고, 문학에서는 은유, 상징 등 문학적 장치의 사용이 두드러진다. 사회과학은 논리적이고 명확한 주장 전개를 요구하며, 예술에서는 비주얼과 감각적인 표현이 중요할 수 있다. 둘째, 자료 해석 및 분석 능력이다. 학문 문식성은 텍스트뿐만 아니라 다양한 자료를 효과적으로 해석하고 분석하는 능력을 포함한다. 경제학에서는 통계 자료나 그래프를 분석하는 능력이 중요하고, 역사학에서는 다양한 역사적 문헌을 읽고 해석하는 능력이 중요하다. 셋째, 분야별 사고방식 및 문제 해결 접근이다. 각 학문 분야에서 다루는 문제와 접근 방식은 다르다. 수학은 문제를 해결하는 단계적 접근을 요구하고, 심리학에서는 인간 행동의 이론적 모델을 기반으로 실험과 연구를 진행하는 방식이 중요하다. 넷째, 학문적 글쓰기 및 발표다. 학문 문식성은 또한 각 분야의 학술적 글쓰기 방식을 이해하고 적용하는 능력을 포함한다. 법학에서는 판례 분석과 법적 논리의 서술이 중요하고, 의학에서는 연구 결과의 실험적 검증과 데이터 기반 보고서 작성이 요구된다. 다섯째, 비판적 사고와 창의적 사고다. 학문 문식성은 정보를 수용하는 것에 그치지 않고, 해당 분야의 지식 체계에 대한 비판적 사고와 창의적 접근을 요구한다. 즉, 주어진 정보를 단순히 수용하는 것이 아니라, 그 정보가 어떻게 발생했는지, 정보의 신뢰성을 확인하고, 새로운 아이디어나 해석을 제시할 수 있는 능력을 포함한다. 여섯째, 연구 방법론과 기술적 지식이다. 학문 문식성은 각 분야의 연구 방법론을 이해하고 이를 실제 연구에 적용할 수 있는 능력도 포함한다.

학문 문식성 교육 시기

학문 문식성 교육 시기는 전반적인 문식성 발달 궤적의 맥락에서 이해해야 한다. 문식성 발달을 언어적 관점에서 보면, 문식성 이전 단계에서 기본 문식성을 거쳐 학문 문식성까지 세 단계로 설명할 수 있다(Fang, 2012). 문식성 이전 단계(0~4세)에서는 모국어(일상적으로 말하는 언어)를 배우며, 이를 통해 상식적 지식을 구성한다. 다음 기본 문식성 단계(4~9세)에서는 경험을 보다 추상적인 방식으로 재구성한다. 이러한 추상적 능력은 본격적인 문식성의 시작을 알리는 신호로, 어린이가 문자 언어와 같은 추상적 기호를 처리할 수 있고 교육적 형태의 지식으로 이동할 준비가 되었음을 시사한다. 학문 문식성 단계(9세 이상)에서는 경험을 보다 이론적이고 은유적인 방식으로 재구성하는 법을 배우며 학문 분야의 기술적 지식에 관여하는 능력이 있음이 나타나기 시작한다. 이러한 관점에서 보면, 학문 문식성 교육은 초등학교 고학년 때부터 시작할 수 있다.

그러나 한편으로 학문 문식성 교육은 대학에 맡겨야 한다는 주장이 있다(Heller, 2010). 광범위한 교육을 받은 시민, 즉 역사, 문학, 생물학 및 기타 분야에 '익숙한 아마추어'를 양성하여 일반 교육에 집중해야 한다는 것이다. 또 다른 연구자는 중 · 고등학교에서 학문 문식성 교육을 시행하는 데 어려움이 있음을 인정하고 모든 고등학생이 초보 과학자, 역사가 또는 수학자가 되도록 할 필요는 없지만, 자신이 읽은 자료를 이해하고 분석할 수 있는 비판적 사고자를 양성하기 위해서 학문 문식성 교육이 필요하다고 주장했다(Moje, 2010). 이렇듯 여러 주장이 있지만, 학문 문식성을 개발하는 것은 초등학교 고학년에서 시작하여 대학까지 이어지는 장기적인 관점에서 접근할 필요가 있다. 학문 문식성과 관련된 다양한 연구가 진행되었는데

이와 관련해서는 다음 연구를 참고해 보면 도움이 될 것이다.

- 2차 문해력 교육에 학문적 관점이 필요한 이유에 대한 이론적 주장을 제공한 연구 : Moje, 2008; Shanahan & Shanahan, 2012
- 다양한 학문 분야에 내재된 인식론적 과정과 사고 습관을 식별한 연구 : Lemke, 2003; Shanahan & Shanahan, 2008; VanSledright, 2002; Wineburg, 2001; Yore, Hand, & Florence, 2004
- 다양한 학문 분야의 언어 사용 패턴과 독해 이해 및 서면 작문에 대한 과제를 설명한 연구 : Christie & Derewianka, 2008; Coffin, 2006; Fang, 2012; Fang, Cox, & Schleppegrell, 2006; Schleppegrell, 2004
- 언어 간 협업에 대한 논의로 문해력 전문가 및 과목 교사에 관한 연구 : Draper, Broomhead, Jensen, Nokes, & Siebert, 2010; Ehren, Murza, & Malani, 2012
- 학문 텍스트의 면밀한 독해와 쓰기, 학문적 관행, 가치, 세계관에 대한 연습을 지원하기 위한 인지적, 언어적 전략을 제공하는 다양한 교육 모델을 제안하는 연구 : Borasi & Siegel, 2000; Fang, 2010; Fang & Schleppegrell, 2008; Jetton & Shanhan, 2012; Langer, 2011; Lee, 2007;

McConachie & Petrosky, 2010

복잡한 텍스트 읽기 능력을 위한 열 가지 전략

학생들이 특정 학문 분야를 이해하기 위해서는 고수준의 사고력이 필요하다. 그러나 문제는 교과서의 내용이 길거나 복잡해지면, 내용을 읽고 이해하는 데 어려움을 겪게 되고 자연스레 읽고 싶지 않게 된다. 읽고 싶지 않으니 읽는 훈련을 할 수 없고 그러다 보니 이해력이 떨어지는 악순환에 빠지게 된다. 어쩌면 이건 당연한 결과일 수 있다. 길고 어려운 텍스트를 읽기 위해서는 끈기와 집중력이 필수이기 때문이다. 특정 학문 분야를 이해하기 위해 필요한 복잡한 텍스트 읽기 전략 열 가지를 소개한 연구가 있다(Hynd-Shanahan, 2013). 첫째, 쉬운 텍스트부터 시작해서 복잡한 텍스트로 늘려 간다. 둘째, 긴 텍스트는 짧게 나누고 시간이 지나면서 점차 더 길게 만든다. 이런 훈련을 통해 시간이 지남에 따라 긴 텍스트에 접근하고 읽어 내는 능력을 키울 수 있다. 셋째, 끈기와 능력을 기르려는 의도를 분명히 밝히고 그 중요성을 설명한다. 그리고 긴 텍스트를 읽었을 때, 칭찬과 격려를 아낌없이 한다. 넷째, 학문 분야의 복잡하고 난해한 텍스트를 읽느라 고군분투하는 학생들을 존중하고 그 자체의 중요성을 부각하는 분위기를 조성한다. 다섯째, 텍스트의 중요 부분인 그림, 표, 차트 및 주석에 주의를 기울이도록 한다. 여섯째, 학문 분야에 정통한 독서 목적을 설정한다. 예를 들어, 역사적 논쟁에 관한 이야기나 과학적 또는 수학적 원리를 설명하는 이야기에 대한 이해가 필요한 부분을 확인한다. 일곱째, 학문적 관점에서 텍스트를 자세히 읽는 연습을 하도록 중요한 구절을 주의 깊게 살핀다. 예를 들어, 역사적 관점을 더 잘 이해하기 위한 단어를 선택하거나 과학 이론을 설명하기 위한 언어를 찾거나 수학적 설명을 위한 단어의 정의를 분석하는 등 학문 분야에서 사용하는 단어의 의미를 고려한다. 여덟째, 텍스트를 소개하기 전에 핵심 아이디어와 중요한 세부 사항, 텍스트 내부와 외부의 다른 요소를 통합할 수 있는 아이디어 등, 학생들이 이해하는 데 필요한 지원을 찾는 것이 도움이 된다. 이러한 도움은 학생들이 어렵고 긴 텍스트를 읽는 것을 쉽게 만들어 줄 것이다. 아홉째, 학생들을 존중하고 함께 텍스트를 이해하고 학문적 질문에 답하도록 가르치고 학생들이 서로 협력하도록 촉진한다. 학문 공동체의 일원으로 학생들 서로가 텍스트의 학문적 의미를 해석하는 데 도움을 줄 수 있다. 열째, 학생들이 그룹이나 단독으로 텍스트를 읽고 이해하는 과정에서 학생들의 질문에 즉시 답하지 않도록 한다. 학생들 스스로 답을 찾도록 안내하여야 한다. 덜 말하고 더 많이 듣는 자세를 취해야 한다. 학생들이 텍스트를 해석하면서 자신들의 것으로 느끼는 게 중요하다.

학생들에게 해당 학문 분야의 문식성을 실천할 수 있도록 가르치면 해당 학문 분야의 학업 성취도가 높아진다. 이러한 증거는 역사(De La Paz, 2005; Hynd-Shanahan et al., 2004; Monte-Sano & De La Paz, 2012)와 과학(Greenleaf et al., 1998; Moje et al., 2010)에서 나타난다. 학습자의 학업 성취도 향상과 더불어 중요한 것이 학문 공동체의 일원으로 참여하는 경험이다. 학생이 스스로 학문적 글쓰기와 표현을 통해 지식의 소비자에 그치지 않고 지식의 주체 및 생산자로 성장할 수 있도록 해야 한다. 이를 위한 지속적인 교수자와 학습자 간, 학습자와 학습자 간 상호 교류와 학습자의 자기 성찰을 위한 글쓰기 훈련 등이 필요하다. 읽기는 평생에 걸쳐 이어진다. 학문 분야별 읽기와 사고를 경험하는 것은 지식의 바다를 항해할 수 있는 나침반을 갖게 되는 것이다. 잘 만들어진 나침반을 활용하면 더 깊이 있는 사고, 더 넓은 시야, 그리고 더 풍요로운 삶을 만들 수 있다.

참고문헌

Borasi, R., & Siegel, M.(2000). *Reading counts: Expanding the role of reading in mathematics classrooms.* New York: Teachers College Press.

Christie, F., & Derewianka, B.(2008). *School discourse: Learning to write across the years of schooling.* London: Continuum.

Coffin, C.(2006). *Historical discourse: The language of time, cause and evaluation.* London: Continuum.

De La Paz, S.(2005). Effects of historical reasoning instruction and writing strategy mastery in culturally and academically diverse middle school classrooms. *Journal of educational psychology*, 97(2), 139~156.

Draper, R.J., et al.(2010). *(Re)Imagining content-area literacy instruction.* New York: Teachers College Press.

Ehren, B.J., Murza, K.A., & Malani, M.D.(2012). Disciplinary literacy from a speech-language pathologist's perspective. *Topics in Language Disorders*, 32(1), 85~98.

Fang, Z., Schleppegrell, M., & Cox, B.(2006). Understanding the language demands of schooling: Nouns in academic registers. *Journal of Literacy Research*, 38(3), 247~273.

Fang, Z., & Schleppegrell, M. J.(2008). *Reading in secondary content areas: A language-based pedagogy.* Ann Arbor: University of Michigan Press.

Fang, Z.(2012). Language correlates of disciplinary literacy. *Topics in language disorders*, 32(1), 19~34.

Gee, J. P.(1999/2011). *An introduction to discourse analysis: Theory and method* (2nd ed.). Routledge.

Gee, J. P.(2011). *How to do discourse analysis.* Oxon: Routledge.

Greenleaf, C. L., et al.(1998). Integrating literacy and science in biology: Teaching and learning impacts of reading apprenticeship professional development. Review & Expositor, 95(3), 647~717.

Heller, R.(2010). In praise of amateurism: A friendly critique of Moje's "Call for Change" in secondary literacy. *Journal of Adolescent & Adult Literacy*, 54(4), 267~273.

Hynd, C. R., Holschuh, J. P., & Hubbard, B. P.(2004). Thinking like a historian: College students' reading of multiple historical documents. *Journal of Literacy Research*, 36(2), 141~176.

Hynd-Shanahan, C.(2013). What Does It Take? The Challenge of Disciplinary Literacy. *Journal of Adolescent & Adult Literacy*, 57(2), 93~98.

Jetton, T., & Shanahan, C.(2012). *Adolescent literacy in the academic disciplines: General principles and practical strategies*. New York: Guilford.

Langer, J. A.(2011). *Envisioning knowledge: Building literacy in the academic disciplines*. New York: Teachers College Press.

Lee, C. D.(2007). *Culture, literacy and learning: Taking bloom in the midst of the whirlwind*. New York: Teachers College Press.

Lemke, J.(2003). Mathematics in the middle: Measure, picture, gesture, sign, and word. In M. Anderson, A. Saenz-Ludlow, S. Zellweger, & V. Cifarelli (Eds.), *Educational perspectives on mathematics as semiosis: From thinking to interpreting to knowing* (pp. 215~234). Legas.

McConachie, S.M., & Petrosky, A.R.(2010). *Content matters: A disciplinary literacy approach to improving student learning*.

San Francisco: Jossey-Bass.

Moje, E. B.(2010). Response: Heller's "In praise of amateurism": A friendly critique of Moje's "call for change" in secondary literacy. *Journal of Adolescent & Adult Literacy*, 54(4), 275~278.

Monte-Sano, C., & De La Paz, S.(2012). Using writing tasks to elicit adolescents' historical reasoning. *Journal of Literacy Research*, 44(3), 273~299.

Moje, E. B., et al.(2010). Integrating literacy instruction into secondary school science inquiry: The challenges of disciplinary literacy teaching and professional development. *Ann Arbor, 1001*, 48109~51259.

Schleppegrell, M. J.(2004). *The language of schooling: A functional linguistics perspective*. Mahwah, NJ: Erlbaum

Shanahan, T., & Shanahan, C.(2008). Teaching disciplinary literacy to adolescents: Rethinking content-area literacy. *Harvard educational review*, 78(1), 40~59.

Shanahan, T., & Shanahan, C. (2012). What is disciplinary literacy and why does it matter?. *Topics in language disorders*, 32(1), 7~18.

VanSledright, B. A.(2002). *In search of America's past: Learning to read history in elementary school*. New York: Teachers College Press.

Wineburg, S.(2001). *Historical thinking and other unnatural acts*. Philadelphia: Temple University Press.

Yore, L.D., Hand, B.M., & Florence, M.K.(2004). Scientists' views of science, models of writing, and science writing practices. *Journal of Research in Science Teaching*, 41(4), 338~369.

07

사고 촉진을 위한 읽기 전략

진정한 독서는 독자가 능동적으로 참여하고 사고를 확장하여 새로운 지식을 구성하는 사고 촉진 과정이어야 한다. 능동적 읽기는 사고 촉진을 위한 읽기의 핵심 전략으로 사고를 확장하고 새로운 의미를 창출하도록 이끌어 준다.

사고 촉진을 위한 능동적 읽기

사고 촉진을 위한 읽기는 문자 해독 능력을 넘어서 독자의 사고 역량을 종합적으로 신장시키는 데 중점을 두어야 한다. 초기의 읽기는 문자 해독을 의미했다. 읽기에 관한 연구는 곧 인간에 관한 연구이므로 인간 심리 연구, 읽기의 발달, 사회문화적 관점에서 여러 연구가 이루어졌다. 인지 심리학적 접근은 주로 정보 처리 과정과 기억, 주의 집중, 추론과 같은 심리적 기제를 중심으로 읽기의 원리를 설명해 왔으며, 발달 심리학적 연구는 아동기에서 성인기에 이르기까지 읽기 능력의 성장과 변화를 탐구해 왔다. 사회문화적 관점에서는 읽기를 개인적 행위가 아니라 사회적 맥락 속에서 이루어지는 의미 구성 과정으로 이해하며, 언어적 · 문화적 배경, 담화 공동체의 영향, 학습 환경과의 상호작용을 강조했다. 이처럼 읽기는 단순한 기술을 넘어, 사고, 정체성, 문화, 사회적 관계를 포괄하는 복합적 행위로 정의되고 있다.

읽기에 대한 정의가 관점에 따라 그리고 시대에 따라 변화하면서 읽기 교수 · 학습에도 영향을 주었다. 고대 플라톤은 읽기를 눈과 귀를 통한 문자 인식 행위로 설명하였으며, 이 관점은 20세기 전반기까지 음성 이미지와 시각 이미지의 연계로 이어진다(서혁 · 서주현, 2007). 이후 20

세기 중반에는 문자 언어로 이루어진 메시지를 이해하고 추론하는 독해와 사고 과정의 측면이 강조되었으며, 20세기 중후반에 이르러서는 읽기를 의미 재구성 과정으로 보아 텍스트와 독자의 상호작용 활동이라는 점이 강조되었다.

읽기는 학습자의 지적 성장과 사고 발달을 이끄는 핵심 활동이다. 그러나 단순히 텍스트를 수동적으로 받아들이는 읽기는 사고 촉진의 효과가 제한적일 수 있다. 깊이 있는 사고 발달을 위해서는 학습자가 텍스트에 능동적으로 개입하고, 자신의 경험과 지식을 연결하며, 비판적으로 성찰하는 과정이 필요하다. 능동적 읽기는 사고 촉진을 위한 핵심 원리로, 읽는 동안 비판적으로 사고하며, 읽은 내용을 분석하고, 질문하는 적극적 읽기다. 이러한 능동적 읽기는 새로운 의미를 구성하도록 이끌어 준다. 루이스 로젠블랫(Louise Rosenblatt)에 따르면, 독자는 단지 텍스트의 의미를 '발견'하는 존재가 아니라, 텍스트와 상호작용하며 의미를 '구성'하는 존재다. 능동적 읽기는 인지주의 이론에서 출발하였으나, 점차 사회문화적 구성주의 관점으로 확장되었다.

능동적 읽기(Active Reading)의 중요성과 이점에 대해 알아보자. 능동적 읽기는 깊이 있는 이해에 도움이 된다.

능동적 읽기는 주의력을 집중시키고, 읽은 내용을 깊이 이해할 수 있도록 도와준다. 독자가 읽기 과정에서 단순히 내용을 흘려보내지 않고, 적극적으로 참여하게 됨으로써 더 깊이 있는 이해와 기억이 가능해진다. 다음으로, 비판적 사고 능력 향상이다. 능동적 읽기는 독자가 텍스트에 대한 비판적인 시각을 기를 수 있도록 도와준다. 저자의 주장이나 논리에 대해 질문하고 성찰하면서 타당성을 점검하고 합리적 근거를 도출한다. 마지막으로, 문제 해결 능력 향상이다. 능동적 읽기를 통해 얻은 정보나 사고는 현실 문제를 해결하는 데도 유용하게 활용될 수 있다.

능동적 읽기 전략

단순 정보 수용을 넘어서 비판적으로 분석하고 재구성하기 위해서는 사고력을 길러야 한다. 이를 위해서는 읽기를 사고 촉진의 매개로 활용하는 교수·학습 전략이 절실히 필요하다. 능동적 읽기는 비판적 · 창의적 사고를 동시에 자극하며, 학습자가 읽기를 통해 학문적 성장을 이룰 수 있는 기반을 마련한다. 사고 촉진을 위한 읽기 지도 전략을 능동적 읽기를 중심으로 정리하면 다음과 같다. 첫째, 문제의식 형성을 통한 비판적 읽기, 둘째, 질문하며 읽기로 예측하고 추론하면서 사고 확장하기, 셋째, 메타인지적 전략으로 읽기의 효율성 높이기다.

능동적 읽기는 독자와 텍스트 간의 상호작용을 기반으로 하며 비판적 분석과 평가로 완성된다. 독자는 저자의 주장과 근거를 무비판적으로 수용하지 않고, 타당성 · 논리성 · 신뢰성을 따져 보며 판단한다. 즉 독자는 텍스트의 의미를 그대로 받아들이는 것이 아니라 자신의 배경지식, 경험, 맥락을 기반으로 새로운 의미를 구성한다(Rosenblatt, 1978). 예측하기, 연결 짓기, 요약하기 등의 전략은 독자가 텍스트에 적극적으로 개입하게 하며, 이는 곧 사고의 활성화로 이어진다. 과학과 관련된 텍스트를 읽으며 그와 관련된 배경지식을 떠올리거나 문학 작품 속 인물의 경험과 자신의 경험을 비교하며 읽을 수 있다. 교사는 다양한 장르의 텍스트를 활용하고 상호작용적 토론을 조직함으로써 학습자가 텍스트를 능동적으로 해석하도록 돕는다(Afflerbach et al., 2008). 특히 정옥년(2007)은 글쓰기를 위해 독자들이 활용할 수 있는 전략을 모방 전략, 이해 전략, 채굴 전략으로 구분하여 설명하면서, 텍스트로부터 아이디어를 적극적으로 선택 · 조직 · 연결하는 과정을 강조한다. 이는 단순한 이해를 넘어 새로운 의미를 창출하는 능동적 읽기의 예라 할 수 있다.

능동적 읽기에서는 독자가 스스로 문제의식을 형성하

고 질문하며 읽는 것이 사고 확장의 핵심이다. 글의 목적, 주제, 저자의 의도를 탐색하기 위해서는 질문 과정이 필요하다. 학습자가 텍스트를 읽는 동안 스스로 '왜?', '어떻게?'와 같은 질문을 한다면, 단순한 이해 수준을 넘어 비판적·창의적 사고로 나아가게 된다(King, 1994). 능동적 독자는 글의 흐름을 따라가면서 다음에 전개될 내용을 예측하고, 글 속에 제시된 단서들을 바탕으로 추론하며 읽는다. 과학 텍스트를 읽을 때, 실험 결과가 어떤 결론으로 이어질지를 예상하는 것은 단순한 정보 이해를 넘어 능동적 해석의 과정이라 할 수 있다(Anderson & Pearson, 1984). 소크라테스 질문법이나 협력적 질문과 토론은 학습자의 능동적 사고를 촉진하는 효과적인 방법이다(Coiro & Dobler, 2007). 질문 중심 읽기는 학습자가 텍스트를 비판 없이 수용하지 않고 다양한 가능성을 탐색하며 읽는 것을 가능하게 한다.

능동적 읽기의 완성은 학습자가 자신의 읽기 과정을 메타인지적으로 조절할 수 있을 때 이루어진다(Baker & Brown, 1984). 메타인지 전략은 학습자가 읽기 전 목표를 설정하고, 적절한 전략을 선택하며, 읽는 중 이해 여부를 점검하며, 읽은 후 내용을 요약·재구성하는 일련의 과정으로 구성된다. 읽기 전후에는 '이 글에서 배우려는 핵심은 무엇인가?', 읽는 동안에는 '내가 지금 이해한 것이 맞는가?', '중요한 부분을 놓치지는 않았는가?'와 같은 자기 점검이 이루어져야 한다. 이해가 부족한 부분이 발견되면 다시 읽거나, 마인드맵이나 도식화 등을 활용해 글의 구조를 정리하는 시각화하기, 스스로 핵심을 요약해 봄으로써 이해 정도를 점검하기 등의 보완 전략을 활용할 수 있다. 이러한 자기조절적 읽기는 학습자를 수동적 독자가 아니라 주체적 독자로 성장하게 만든다(Zimmerman, 2000). 교사는 말하기나 글쓰기 같은 활동을 통해 메타인지 성찰을 촉진할 수 있다. 학습자는 자신의 사고 과정을 성찰하며 글을 더욱 깊이 이해하고 학습 전략을 세울 수 있다(Pressley & Afflerbach, 1995). 메타인지적 점검은 특히 학문적 읽기나 비판적 읽기 상황에서 복잡한 텍스트의 구조와 주장을 이해하고 평가하는 데 필수적이다.

능동적 읽기의 실천 방법

능동적 읽기를 중심으로 사고 촉진을 위한 읽기 방법을 살펴보자. 능동적으로 읽으라고 해서 모든 아이가 저절로 능동적으로 읽게 되는 것은 아니다. 능동적 읽기는 내용을 깊이 이해하고, 비판적으로 사고하며, 정보를 적극적으로 수용하는 읽기로 독자의 노력이 필요하다. 능동적 읽기를 위한 몇 가지 방법을 소개하면 다음과 같다.

먼저, 목표 설정하고 읽기다. 읽기 전에 무엇을 얻고자 하는지 목표를 명확히 설정하는 것이다. 정보를 얻기 위한 것인지, 아이디어를 찾기 위한 것인지 등 읽고자 하는 목적이 무엇인지를 설정하는 것이다. 목표 설정에 따라 텍스트 선택에 적극적으로 참여하게 되고 텍스트의 성격도 파악할 수 있어 좋은 텍스트를 선별하는 능력도 생길 수 있다. 능동적 읽기를 다른 말로 표현하면 독자가 텍스트와 상호작용하며 소통하는 참여적 읽기라고 할 수 있다.

다음으로 질문하며 읽기다. 질문하며 읽기는 읽는 중에 질문을 던지고, 그것에 대한 답을 찾으려고 노력하는 것이다. 질문은 이해를 깊게 하고 주의 깊은 독서를 하도록 돕는다. 읽은 내용을 단순히 수용하는 것이 아니라, 그에 대해 자신의 의견을 제시하고, 평가하는 과정으로 자연스럽게 이어진다. 이는 능동적 읽기의 핵심 요소다. 질문하면서 읽으면 글의 내용에 대해 개인적인 의견이나 비판적인 생각을 정리하며 읽게 된다. 이때 자신의 경험을 다른 자료와 비교해 보는 것도 가능하다. 책을 읽을 때, 질문을 던지며 읽는 것이 중요한 이유는 '이 내용이 무엇을 의미하는가? 저자가 주장하는 것은 무엇인가? 내가 알고 있는 것과 유사한 부분인가? 아니면 새로운 부분인가? 또 연결점이 있다면 무엇인가? 저자의 주장을 뒷받침하는 근거는 무엇인가?' 등을 사고하며 읽게 된다는 것이다. 이 경우 독서는 사고를 촉진하는 활동이 된다.

마지막으로 주요 내용 요약하며 읽기다. 중요한 포인트를 요약하거나 밑줄을 그으며 읽는 것으로, 이 과정을 통해 핵심 아이디어나 주장을 명확히 할 수 있다. 중요한 부분이나 인상 깊은 문장, 독서 중에 관련해서 떠오르는 생각들을 메모하며 책의 내용과 연결하여 요약하며 읽는 것이다. 이렇게 할 경우 관련 생각이 떠오른 이유가 무엇인지 좀 더 깊이 있는 사고가 가능하고 관련된 추가 자료나 책을 찾아 읽을 수 있다. 이 경우 독서는 하나의 텍스트를 읽는 일에 국한되지 않고 텍스트의 확장과 사고의 연결을 가능하게 한다. 추후 요약한 내용을 점검하면 내가 이해한 것을 한 번 더 확인할 수 있다.

능동적 읽기를 지속적으로 훈련하면 텍스트에 대한 부담을 덜어내고 자신감을 얻게 되어 점차 읽기 능력을 향상할 수 있다. 또 능동적 읽기 기술을 실제로 적용하고 활용하면서 학습할 수 있다. 제시된 자료를 읽고 난 후 알게 된 정보나 지식을 실생활에 어떻게 적용할 것인지 생각해 볼 수 있고 관습처럼 했던 일에 의문을 가져 볼 수 있으며 다른 관점에서 생각할 수 있다. 그 과정에서 문제 해결 방안을 찾을 수 있다. 이후에는 의미 있는 부분에 대해 다른 사람들과 토론하거나 글로 정리하는 과정을 통해 학습 효과를 높일 수 있고 이는 깊이 있는 읽기로 연결될 수 있다.

오늘날 우리는 정보 소비자에 머무는 것이 아니라 사고하는 독자가 되어야 한다. 사고를 촉진하는 다양한 능동적 읽기 전략을 활용함으로써, 읽기가 사고와 학습으로 연결되도록 해야 한다.

참고문헌

서혁·서수현(2007). 읽기 능력 검사 개발 연구 (1): 읽기 능력 검사의 하위 영역 설정 연구. 《국어교육》, 123, 213~242.

정옥년(2007). 글쓰기를 위한 읽기의 성격과 전략. 《작문연구》, 5, 75~104.

Anderson, R. C., & Pearson, P. D.(1984). A schema-theoretic view of basic processes in reading. In P. D. Pearson (Ed.), *Handbook of Reading Research* (pp. 255~291). Longman.

Afflerbach, P., et al.(2008). Clarifying differences between reading skills and reading strategies. *The Reading Teacher*, 61(5), 364~373.

Baker, L., & Brown, A. L.(1984). Metacognitive skills and reading. In P. D. Pearson (Ed.), *Handbook of Reading Research* (pp. 353~394). New York: Longman.

Coiro, J., & Dobler, E.(2007). Exploring the online reading comprehension strategies used by sixth-grade skilled readers.

Reading Research Quarterly, 42(2), 214~257.
King, A.(1994). Guiding knowledge construction in the classroom: Effects of teaching children how to question and how to explain. *American Educational Research Journal*, 31(2), 338~368.
Rosenblatt, L. M.(1978). *The reader, the text, the poem.* 『독자, 텍스트, 시: 문학 작품의 상호 교통 이론』. 김혜리·엄해영 옮김(2008). 한국문화사.
Pressley, M., & Afflerbach, P.(1995). *Verbal protocols of reading: The nature of constructively responsive reading.* Hillsdale, NJ: Erlbaum.
Zimmerman, B. J.(2000). Attaining self-regulation: A social cognitive perspective. In M. Boekaerts, P. Pintrich, & M. Zeidner(Eds.), *Handbook of Self-Regulation* (pp. 13-39). San Diego: Academic Press.

08

상호 사고 개발 과정으로서 대화

토론은 지식과 사고를 확장하는 데 중요한 대화 방법이다. 다른 사람들과 생각을 나누고 의견을 교환하는 과정에서 우리는 사고의 폭을 넓히고 새로운 관점을 발견한다. 상호 사고 개발을 위한 과정으로서 구체적인 대화 실천 방법을 이해하고 전략을 수립함으로써 사고의 깊이를 더할 수 있다.

대화와 토론의 힘

사회가 복잡해질수록 서로의 생각과 주장이 충돌하는 경우가 자주 발생한다. 이러한 상황을 해결하는 가장 민주적인 방법은 대화다. 다양한 대화 방식 가운데 공적인 의사소통 형태 중 하나가 토론이다. 토론은 두 사람 이상이 특정 주제에 대해 의견을 교환하고 논리적으로 자신의 주장을 펼치는 방법이다. 임칠성(2011)은 토론은 경쟁적 갈등의 해결이 아니라 상대와 함께 최선의 답안을 찾아가는 '조화'의 과정이라고 했다. 홍병선(2008)은 토론의 본질은 설득력과 논리적 사고에 있다고 하며 논증을 통한 사고 훈련을 강조했다. 이광모(2007)는 대학 교양교육으로서 토론과 글쓰기를 연결하여 정보 사회에서 필요로 하는 능력이 비판적 분석력, 문제 해결력, 창의력 배양임을 주장했다.

다량의 정보를 이해하고 활용할 수 있는 능력이 필요하다는 측면에서 토론이 교육에 주는 시사점은 크다. 학교교육에 토론이 들어온 것은 정보화 사회에 주입식 교육을 탈피하고 사고력 중심의 창의적이고 자기주도적인 학습을 지향하기 위함이다. 토론 교육을 통해 사회적 이슈와 당면한 문제의 해결력, 다원화된 사회 속 가장 타당한 답변을 찾기 위한 논리적이고 비판적인 사고, 기존의 가치나 정책에 새로운 대안과 관점을 제공할 수 있는 창의력을 신장하고자 한다. 토론은 크게 응용 토론과 교육 토론으로 나누는데(Freeley & Steinberg, 2008), 응용 토론은 토론자가 관심을 가지는 명제, 질문, 화제 들에 대하여 수행되며, 그 화제나 명제들에 대해 승패의 결정을 내릴 수 있거나 실제적인 답을 줄 수 있는 힘을 가진 청중 앞에서 진행된다. 교육 토론은 학문적 목적에서 교사나 학생들 앞에서 수행되는 토론으로 이때 청중은 어떤 견해를 가질 수는 있으나 매우 개인적이고 제한적인 승패의 확인만 해 줄 수 있다. 교육 토론은 승패보다는 '앎과 사고력' 향상에 주된 목적이 있다.

토론의 핵심은 의견을 교환하여 문제를 깊이 있게 이해하고 다양한 관점을 통해 더 나은 해결책을 찾는 것이다. 효과적인 토론을 위해서는 명확한 논리 전개, 상대방의 논점을 정확히 이해하고 반박하는 능력 그리고 설득력 있는 표현이 요구된다. 또 토론은 사회적 상호작용을 증진하고 비판적 사고와 문제 해결 능력을 키울 기회를 제공한다. 토론 참여자들 사이에서 일어나는 대화에는 각자의 아이디어와 생각이 담겨 있다. 대화를 통해 주고받는 사고 과정의 인지적 기능과 사회적 기능에 주목한 인터싱킹(interthinking)은 대화를 사용하여 집단으로 생각하고 구두 언어로 다른 사람의 아이디어에 참여하는 것을 의미한다.

양질의 대화란?

대부분의 교실 수업은 교사에 의한 일방향 소통으로 학생들의 발언 기회가 거의 없다. 교사 중심의 언어적 상호작용 모델(I-R-E)은 학생이 대화에 참여할 기회가 제한적이다. 양질의 대화(Quality Talk)는 교실에서 학생들 간 의미 있는 상호작용을 위한 접근 방식으로 소규모 그룹의 텍스트 기반 토론이다. 양질의 대화는 교실 대화의 효과를 인식하고 교사가 학생들을 대화에 참여시키는 방법을 돕는 수단으로 개발되었다. 이는 주로 문학 텍스트 이해에 초점을 두는 수업에서 활용할 수 있다. 교사들은 문학 작품에 대한 미학적 접근, 비판적 · 분석적 관점의 비평, 그리고 특정 단어에 대한 정보 획득 등 수업 목표에 따라 적용할 수 있다. 학생들이 텍스트 내용과 텍스트를 토대로 주변과 연결하여 생각하고 이야기하도록 장려함으로써 학생들의 이해도를 높인다. 높은 수준의 이해력은 비판적 사고를 통해 달성되며, 이는 학생들의 기본 이해력, 인지 능력, 구두 및 서면 논쟁에 참여하는 능력을 의미한다. 이를 위한 구성 요소에는 이상적인 교육 프레임, 담론 요소, 교사의 역할이 있다(Murphy & Firetto, 2017; Wilkinson et al., 2010).

높은 수준의 이해력을 자극하기 위해서는 진정성 있는

질문과 이해를 통한 지식 구축, 높은 수준의 사고를 유도하는 질문, 적어도 두 개 이상이 결합되거나 인과적으로 연결된 형태의 정교한 설명, 집단 추론이나 학생들이 지식을 함께 구성할 수 있는 탐구적 대화가 필요하다(Mercer, 2000). 집단 추론이 활발히 이루어지기 위해서는 학습 방향 설정을 공유하며 공동으로 주도하는 것이 중요하다. 즉 교사는 토론을 촉진하고 틀을 제공하고 학생들도 자율적으로 토론에 참여하면서 제안을 하거나 선택할 수 있도록 하는 것이다. 이 경우 학생들은 집단 추론의 확장된 상황에 참여할 기회를 얻고 동시에 개별 추론을 통해 근거를 제시하고 주체적으로 토론의 방향을 제시할 수 있다. 텍스트에 대한 비판적 분석에 초점을 맞춘 토론은 참여자들 간 대화가 사고 교류를 촉진하는 도구로 사용될 수 있다는 믿음을 전제로 한다. 또 토론을 주도하는 데 교사와 학생 모두에게 초점을 맞춘다. 이러한 소집단 토론에서 질문하고 논증하는 활동은 의미 구성과 지식 구축을 위한 최적의 접근 방식이다.

양질의 대화를 위한 구성 요소

첫째, 이상적인 교육 프레임이다. 텍스트에 대한 생산적인 대화를 촉진하기 위해 기본적으로 간주되는 일련의 조건

틀이다. 토론은 4~6명의 학생으로 구성된 소규모 그룹에서 진행되며 교사와 학생이 공동으로 제어한다. 조력자로서 교사는 텍스트와 주제를 모두 선택할 수 있는 권한이 있지만 학생들에게도 참여 구조와 해석 권한이 열려 있으며 학생들도 텍스트와 주제를 제어할 수 있다. 토론에 앞서 학생들은 비판적 분석 방식으로 의미 있고 확실한 질문을 하고 응답하는 방법에 대한 미니 수업을 통해 명시적인 교육을 받는다. 학생들은 관련 텍스트 구조 또는 특징을 식별하고 실제 질문을 작성하여 텍스트를 읽고 사전 토론 활동을 완료해야 한다. 토론하는 동안 교사는 중간 정도의 정서적이고 지식 중심적인 참여를 촉진하고 학생들이 기본 주장, 가정 또는 신념을 찾기 위해 질문하도록 장려함으로써 촉진자 역할을 한다(Murphy & Alexander, 2016). 학생들에게는 토론 중에 정보를 검색할 뿐만 아니라 텍스트에 대한 개인적인 배경지식에 대해 서로 이야기하도록 권장한다. 학생들이 텍스트에 대한 기본적인 이해와 연결을 생성할 기회를 얻게 되면 비판적 분석 의견을 낼 수 있다.

둘째, 담론 요소다. 이는 비판적 사고를 촉진하는 도구 역할을 한다. 예를 들어, 질문은 필수적인 담론 요소 중 하나다. 교사와 학생은 다른 사람의 기여도를 기반으로 하는 후속 질문을 포함하는 다양한 개방형의 진정한 질문을 할 수 있다. 또 학생들은 이러한 질문에 답할 때 정교한 설명을 생성할 수 있다. 그리고 대안적 관점을 고려하고 서로에게 도전하는 탐구적 대화를 할 수 있다. 출처를 면밀히 조사하고 주장에 대한 정당성을 구성하고 비판하는 방법을 포함한 학생의 인지는 학생들이 이유, 증거 및 반론을 다루는 것과 관련한 직접적인 교육을 받을 때 발전한다 (Greene & Yu, 2016).

셋째, 교사의 역할이다. 교육 프레임을 구현하기 위해서 교사는 시간이 지남에 따라 토론 진행에 참여하고 토론을 주도한다. 처음에는 교사가 더 많은 지원과 지도를 제공해야 할 수 있다. 이때 더 자주 말하고 더 많은 교사 동작을 사용한다. 교사는 학생들이 생성하기를 기대하는 발언으로 시작하거나(예 :진정한 질문으로 시작하겠습니다) 학생의 발표를 칭찬하며 강화할 수 있다(예 :정확하게 설명했습니다). 학생들이 점차 토론에 참여하는 방법을 배우면 교사는 통제권을 해제하고 학생들이 더 많은 대화를 할 수 있도록 하여 자신의 발언 횟수를 줄여야 한다. 그러나 교사는 가끔 필요한 지원이나 비계를 제공하기 위해 참여를 지속할 수 있다.

토론 수업 실천을 위한 다섯 가지 교육 원칙이 있다. 각 원칙은 교실에서 대화로 강화된 텍스트 기반 학습 문화를 조성하는 데 필요한 핵심이다. 첫째, 교사의 언어 또는 대화가 사고를 위한 도구(Mercer, 2000) 및 지식을 전달하는 도구(Murphy et al., 2012)로 개념화된다는 것을 받아들이고 학습에서 담론의 중요성을 인식해야 한다. 둘째, 토론은 일련의 기본 규칙과 대화식 반응이 기반이 되어야 한다. 예를 들어, '우리는 손을 들 필요가 없습니다' 및 '다른 사람의 의견을 존중한다'(Murphy & Firetto, 2017)와 같은 일련의 명시적인 규칙을 설정한다. 그런 다음, 학생들이 기본 규칙에 부합하는 담화에 익숙해지고 참여함에 따라 교사는 점차 책임을 풀 수 있고 학생들은 해석적 권위를 갖게 된다. 셋째, 토론을 용이하게 할 때, 교사는 움직임을 사용하여 필요한 경우 대화를 안내하거나 재구성하는 동시에 학생들에게 의미 있는 방식으로 기여할 수 있는 자유를 허용함으로써 구조와 반응의 균형을 맞춘다(Cohen, 1994; King, 1999). 넷째, 교사는 이야기에 대한 이해를 포함하여 논의되는 내용에 대한 명확성을 가져야 하며 필요한 경우 잠재적 질문을 준비해야 한다. 다섯째, 교사는 학생들이 자신의 고유한 경험과 배경을 자유롭게 토론할 수 있도록 하여 더 넓고 풍부한 관점으로 대화할 수 있도록 함으로써 담화 내에서 공간과 다양성을 포용해야 한다.

참고문헌

이광모(2007) 대학 교양교육으로서 토론과 글쓰기의 의미와 방향. 《동서철학연구》. 44, 35~50.

임칠성(2011) 토론의 본질과 토론 지도. 《화법연구》. 18, 1~25.

홍병선(2008) 글쓰기 교육의 대안적 모델로서의 논증적 글쓰기. 《철학논총》. 53(3), 335~355.

Cohen, E. G.(1994). Restructuring the classroom: Conditions for productive small groups. *Review of Educational Research*, 64(1), 1~35.

Freeley, A., & Steinberg, D. L.(2008). *Argumentation and debate:critical thinking for reasoned decision making.* WorthWorth: Cengage Learning.

Greene, J. A., & Yu, S. B.(2016). Educating critical thinkers: The role of epistemic cognition. *Policy Insights from the Behavioral and Brain Sciences*, 3(1), 45~53.

King, A.(1999). Discourse patterns for mediating peer learning. In A. M. O'Donnell & A. King(Eds.), *Cognitive perspectives on peer learning* (pp. 87~116). Mahwah, NJ: Erlbaum.

Mercer, N.(2000). *Words and minds: How we use language to think together.* London: Routledge.

Murphy, P. K., & Alexander, P. A.(2016). Interrogating the relation between conceptual change and epistemic beliefs. In J. A. Greene, W. A. Sandoval, & I. Bråten(Eds.), *Handbook of epistemic cognition* (pp. 439~459). New York: Routledge.

Murphy, P. K., et al.(2012). *Knowledge and knowing: The journey from philosophy and psychology to human learning.* In K. R. Harris, S. Graham, & T. Urdan (Eds.), *Educational psychology handbook: Vol. 1. Theories, constructs, and critical issues* (pp. 189~226). Washington, DC: American Psychological Association.

Murphy, P. K., & Firetto, C. M.(2017). Quality Talk: A blueprint for productive talk. In P. K. Murphy(Ed.), *Classroom discussions in education* (pp. 101~133). New York: Routledge.

Wilkinson, I. A. G., Soter, A. O., & Murphy, P. K.(2010). Developing a model of Quality Talk about literary text. In M. G. McKeown & L. Kucan (Eds.), *Bringing reading research to life* (pp. 142 – 169). New York: Guilford Press.

09

사고의 표현으로서 글쓰기

읽기와 쓰기는 긴밀하게 연결되어 있으며 동일한 인지 구조 과정을 이루고 있다. 글을 쓴다는 것은 깊이 있는 읽기를 통해 생각을 정돈하고, 자기 목소리로 숨을 불어넣어 자신의 경험을 타인의 머릿속까지 전달하는 것이다. 글쓰기의 배경에는 풍부한 읽기 경험과 축적된 사고력, 구조화 능력이 자리하고 있다.

읽기에서 시작되는 글쓰기의 힘

보통 글쓰기를 '생각의 표현'이라고 말한다. 그 생각은 어디에서 시작되는가? 생각은 진공 상태에서 이루어지지 않는다. 생각하게 만드는 무엇이 있게 마련이다. 많은 경우 누군가의 글을 매개로 이런저런 생각을 하게 된다. 정옥년(2007)은 글쓰기를 위한 읽기의 성격을 정리했다. 첫째, 글쓰기의 문제 상황을 해결하기 위해 필요한 스키마를 활성화하고 구성하는 과정이다. 둘째, 글쓰기에 필요한 여러 담론 지식을 텍스트로부터 가져오고, 이를 변형하는 과정이다. 셋째, 참여자 입장에서 텍스트를 이해하고 비판하면서, 궁극적으로 담론 공동체의 대화에 기여하는 것이다. 읽기와 쓰기는 개별적이고 분리된 것이 아니며, 긴밀히 연결된 통합적 성격을 갖는다. 글쓰기는 비판적 읽기만으로는 부족하고, 전략적인 읽기를 통해 아이디어를 변형하고 의미 있는 표현, 자료, 담론적 요소 등을 선별하고 재구성하여 자신의 글쓰기 작업에 적극적으로 활용하는 것이 필요하다. 즉 텍스트에서 얻은 정보를 바탕으로 제대로 이해하고 핵심을 파악하여 생각을 확장하고 이를 통합하여 스스로 생각을 정돈하면 글쓰기 작업이 효과적으로 이루어진다. 글쓰기가 말을 공간에 멈추게 함으로써 언어의 가능성이 확대되고 사고는 재구성된다(박정하, 2003). 읽기와 쓰기는 모두 텍스트를 중심으로 한 의미 구성 과정이며, 읽기를 통해 타인의 생각을 이해하고, 글쓰기를 통해 생각을 재구성한다.

읽기는 정보를 받아들이는 과정일 뿐 아니라, 사고를 유도하고 질문을 만들어 내는 과정이다. 질문하며 읽기, 비판적 읽기, 비교하며 읽기는 글쓰기로 이어지는 적극적 실천이 된다. '이 글의 핵심 주장은 무엇인가?', '나는 이 의견에 동의하는가?', '나의 경험과 연결해 보면 어떤 생각이 드는가?' 등 다양한 질문을 통해 사고를 확장할 수 있다. 이러한 질문은 글쓰기의 주제를 생성하고, 주장과 그에 대한 근거의 구조를 만들어 가는 데 핵심적 역할을 한다. 읽기 이후의 글쓰기는 다양한 방식으로 확장될 수 있다. 핵심 개념과 문장 간 연결 구조를 이해하고 내용을 요약하는 글쓰기, 저자의 주장에 대한 분석과 반론을 통해 논리적 구성을 갖춘 비평문 쓰기, 기존 텍스트를 바탕으로 새로운 시각이나 구성 방식으로 재구성하는 글쓰기 등으로 확장할 수 있다. 이러한 활동을 통해 단지 지식을 확인하고 수용하는 데 그치지 않고, 자신의 관점과 자신의 언어로 의미를 재창조하는 능력을 기를 수 있다.

읽기와 쓰기는 동일한 인지 구조 과정이라고 할 수 있다. 학습 과정에서 글을 쓴다는 것은 여러 텍스트를 읽고 얻은 지식을 재구성하고, 이를 타인에게 효과적으로 전달하는 과정이다. 이를 위해서는 읽기와 쓰기를 하나의 과제로 엮는 통합형 수업이 효과적이다. 예를 들어, 사회 수업에서 다문화 관련 글을 읽고, 생각을 정리한 칼럼을 쓰게 하는 활동으로 읽기-비판-창의적 표현을 통합적으로 구성할 수 있다. 또 프로젝트 기반 수업은 학습자의 주도성과 맥락을 이해하고 반영할 수 있는 감각을 동시에 길러 준다. 독서는 어휘력, 문장 구조, 글의 조직 방식 등 언어적 자원을 풍부하게 제공한다. 특히 다양한 장르의 글을 읽은 경험으로 장르 문식성을 기를 수 있으며, 이는 상황에 적합한 글쓰기 능력으로 이어진다(Bazerman, 2009).

한편, 글쓰기의 핵심은 명확한 메시지 설정에 있다. 이는 독서 과정에서 습득한 방대한 정보 속에서 핵심적인 아이디어를 추출하고 이를 명료하게 구조화하는 능력과 연결된다. 독자는 텍스트 내에서 제시되는 주제, 도입부와 결론부에서 강조되는 내용, 논리적 연결 고리들을 파악하여 저자의 의도를 정확히 이해해야 한다. 이러한 비판적 독해를 통해 독자는 자신의 글에서 전달하고자 하는 메시지를 간결하고 직접적인 형태로 정제할 수 있다. 즉, 복잡한 이론이나 데이터를 이해하기 쉬운 언어로 전환하고, 불필요한 정보는 과감히 제거함으로써 정보의 과부하를 방지하고 독자가 글의 본질에 집중하도록 돕는 것이다. 이는 지식의 구조(structuring of knowledge)와 상통하며, 독자는 독서를 통해 얻은 지식을 자신의 인지 구조 내에서 재배열하고 새로운 맥락 안에서 재구성한다.

목소리 내기

글쓰기에서 중요한 것은 무엇인가? 탄탄한 글의 구조, 논리적인 전개, 적절한 리듬과 문장 길이, 독자의 사고를 자극하는 설득력 등 나열하다 보면 어느 하나 중요하지 않은 것이 없다. 무엇보다 글의 형식과 내용이 잘 맞아떨어지는 것이 중요하다. 또 하나 덧붙이자면, 글쓴이의 생각이 잘 나타나고 저자의 목소리가 읽는 이에게 전달되어 울림을 주는가이다. 저자의 목소리가 담긴 글은 울림이 있고 강력한 힘이 있다(Elbow, 1998). 목소리가 있는 글은 얼굴이 있으며 생명력이 있고, 기계적이지 않다. 반면에 목소리가 없는 글은 기계적이고 말하는 이가 누구인지 알 수 없는, 특정한 감정이나 느낌이 없는 글이다.

글은 글쓴이의 생각이나 감정이 담겨 있다. 말은 생생한 소리로 말하는 이의 생각과 감정을 직접적으로 전달할 수 있지만 글은 말과 달리 소리가 없어서 생생함은 부족하다. 그러나 우리는 누군가의 편지 혹은 글을 읽을 때 글쓴이의 목소리가 들리는 경험을 한 적이 있다. 글에서 생명력을 느낄 수 있는 것이다. 글이 마치 사람의 목소리처럼 들리듯이 말이다. 글에 목소리를 담는 것은 쉽지 않다. 글쓰기는 말하기에 비해 까다롭고 느리고 갖춰야 할 규칙도 많다. 맞춤법도 알아야 하고 문법도 챙겨 봐야 하는 등 지켜야 할 것들이 상당히 많다. 글이 말보다 더 어렵게 느껴지는 이유다. 또 사람들은 글은 말보다 더 가혹하게 평가받을 것이라 여긴다. 학교에서 과제로 제출했던 글이 평가의 대상이 되고, 사소한 실수도 지적의 대상이 되었던 경험은 글쓰기를 더욱 어렵게 만든다. 그러니 거기에 자신의 목소리를 담는다는 것은 대단한 자신감과 용기가 아니면 시도조차 쉽지 않다. 그러다 보니 생각을 정돈하고 언어를 가다듬는 과정에서 생명력을 주는 목소리, 즉 숨결이 제거되는 경우가 있다. 글을 살리고 주장을 명확히 하고 강조하기 위해 퇴고하는 과정에서 점점 목소리가 사라지는 것이다.

글에 자신의 목소리를 담는 것 못지않게 중요한 것은 그 목소리가 힘과 울림이 담긴 진짜 목소리여야 한다는 것이다. 모호하고 진실하지 않은 인위적인 냄새가 나는 글에서 진정한 목소리를 듣기는 어렵다. 유창하고 화려한 언어에 현혹되지만, 저자와 교감한다는 느낌이 전혀 들지 않거나 저자의 관점을 알 수 없는 경우가 있다. 이런 글은 읽어도 깊은 울림이 느껴지지 않는다. 반면에 진짜 목소리가 담긴 글은 내면 깊숙이 들어와 집중하고 이해하게 하는 힘이 있다. 진짜 목소리를 내는 글을 쓰고 싶다면, 목소리에 깊은 울림을 담고 싶다면 그 힘과 에너지를 길러야 한다(Elbow, 1998). 여기에는 상당한 인내심과 끈기, 위험을 감수할 용기가 필요하다. 처음부터 마음을 울리는 글을 쓴다는 것은 매우 어렵다. 부족하고 때론 좋지 않은 평가를 받을 것이다. 진정한 목소리를 낼 수 있다는 것은 지속적인 성장과 발달의 과정에서 얻어지는 것이다. 많이 쓰고 피드백을 받고 냉혹한 평가를 받는 과정을 거치지 않고는 글의 힘을 길러내지 못한다. 누구에게도 지적받지 않고 완벽한 글을 쓰려고 하다 보면 조심하게 되고 때로는 겁이 나고 위험을 회피하고 싶은 마음이 들 것이다. 따라서 우리에게 필요한 것은 언제나 완벽할 수 없음을 인정하고 받아들이며 숨겨진 탁월함을 얻기 위해 온 힘을 다하고자 노력하는 것뿐이다.

힘 있는 글을 쓰는 방법

힘이란 스스로 움직이거나 사물을 움직이게 하는 작용으로 변화를 이끌어 내는 것을 뜻한다. 글쓰기는 단순히 언어를 통해 생각을 표현하는 행위를 넘어, 독자에게 의미를 전달하고 사고를 확장하는 사회적 실천이다. 특히 학문적 글쓰기나 공적 담론에서 요구되는 글은 정보의 전달을 넘어 설득력과 영향력을 지녀야 한다. 이러한 글은 단순한 수사적 미사여구만으로 완성되지 않는다. 명확한 메시지, 논리적 구조, 공감적 언어를 통한 진정성이 결합될 때 힘 있는 글이 완성된다.

힘 있는 글의 출발점은 명확한 메시지다. 글의 주제가 모호할 경우 독자는 방향성을 잃게 되며, 이는 글의 힘을 약화한다. 글쓰기 인지 과정 모델은 계획-작성-수정의 순환적 단계로 이루어지는데(Flower & Hayes, 1981), 이때 '계획' 단계에서 중심 메시지를 명확히 설정하는 것이 중요하다. 글을 쓰기 전 '이 글에서 말하고자 하는 한 문장은 무엇인가?'라는 질문을 통해 핵심 문장을 설정해야 한다. 이 핵심 문장은 글 전개 과정에서 나침반 역할을 하며, 불필요한 내용을 제거하는 기준점이 된다.

설득은 힘 있는 글의 핵심적인 기능이며. 설득을 위해서 논리적 전개는 필수다. 논리적 전개는 글쓴이의 주장에 신뢰성을 주는 근거가 된다. 수사학에서 제시한 설득의 세 요소는 로고스, 파토스, 에토스로 이는 오늘날에도 유효하다. 글의 합리성과 논리성에 해당하는 로고스(logos)는 근거와 증거, 분석적 사고와 논리적 사고에 기반한다. 학문적 글쓰기에서는 통계 자료, 연구 결과, 이론적 논거 등이 여기에 해당한다. 파토스(pathos)는 독자의 감정에 호소하는 요소다. 글이 독자의 불안, 희망, 분노, 기쁨 등을 자극할 때 설득은 더욱 강력해진다. 여기서 감정적 요소는 비합리적이라는 오해를 벗고, 설득을 강화하는 중요한 수단임이 드러난다. 글쓴이에 대한 신뢰와 인격적 권위를 의미하는 에토스(ethos)는 글쓴이를 신뢰하고 그 주장을 수용하게 한다. 학술적 글쓰기에서도 저자의 연구 경력, 인용의 정확성, 윤리적 태도는 에토스의 핵심 요소다. 논리적 전개와 설득력을 강화하기 위해 이 세 가지 요소를 균형 있게 고려할 필요가 있다.

앞서 설명한 것처럼 글에 힘이 있다는 것, 즉 힘 있는 글은 읽는 이에게 울림을 주는 글이다. 울림은 진짜 목소리에서 나온다. 경험과 기술이 부족한 사람이라도 진정한 목소리를 낼 수 있고 힘 있는 글을 쓸 수 있다. 글은 말과 달리 자연스러운 호흡이 묻어나기 어렵다. 글이 말처럼 자연스럽지 못한 것은 여러 차례 고심하고 적절한 단어를 찾아 헤매며 글을 완성하기까지 오랜 시간이 걸리게 되고 결국에는 의도한 뜻이 점차 힘을 잃을 수 있기 때문이다. 또 맞춤법, 문법 규칙, 글에 대한 평가가 말하기보다 글쓰기를 더 어렵게 만든다. 이런 어려움을 극복하기 위한 최선의 방법은 일단 많이 써 보는 것이다. 여러 가지 조건에 얽매이지 않고 자유롭게 써 보는 것이다. 문법 규칙이나 맞춤법에 대한 두려움을 벗고 이게 앞뒤가 맞나 너무 고심하지 말고 연습해 보는 시간이 필요하다. 약간의 강제성을 갖고 가벼운 공책이나 수첩을 갖고 다니면서 수시로 생각을 옮겨 보는 습관을 들여 보는 것이다. 다음으로 자신이 쓴 글을 소리 내어 읽어 보는 것이 필요하다. 낭독을 해 보면 글로만 봤을 때 알 수 없던 것들이 드러난다. 소리 내어 읽어 보면 진정한 목소리가 담겨 있는지 울림이 있는지 없는지를 알 수 있다. 이는 스스로 자신의 글을 퇴고할 수 있는 방법이다. 글의 내용이 사실에 근거해 거짓 없거나 저자의 진솔한 경험과 진정성이 담겼다면 많은 이들이 그 글에 공감하고 글을 신뢰하게 된다. 자기가 한 일을 쓰는 것, 즉 남의 글이나 말을 흉내 내지 않는 글, 정직한 글, 살아 있는 글이 되어야 한다(이오덕, 2004). 스스로 나름의 생각을 갖고 삶에 바탕을 두며, 본 대로, 들은 대로, 내가 행동한 대로 쓰는 것이 중요하다. 이는 글은 곧 그 사람이고, 글쓰기는 삶을 쓰는 것이기 때문이다.

참고문헌

박정하(2003). 인문 교육의 근본:글쓰기 교육의 이론과 실제-철학 교육의 관점에서. 《한국철학사상연구회》, 14, 51-61.

이오덕(2004). 『삶을 가꾸는 글쓰기 교육』. 보리

정옥년(2007). 글쓰기를 위한 읽기의 성격과 전략. 《작문연구》, 5, 75~104.

Bazerman, C.(2009). Genre and cognitive development: Beyond writing to learn. *Pratiques. Linguistique, Litterature, didactique*, 127~138.

Elbow, P.(1998). *Writing with power: Techniques for mastering the writing process.* Oxford University Press.

Flower, L., & Hayes, J. R.(1981). A cognitive process theory of writing. *College Composition and Communication*, 32(4), 365~387.

10

사고력 개발을 위한 독서 지도

독서는 사고력 개발의 핵심 수단이다. 독서 지도는 깊이 있는 사고를 할 수 있도록 돕는 교육 방법으로 질문 중심 독서와 토의 · 토론 활동을 통해 비판적 · 창의적 사고를 기를 수 있다. 생각하는 힘은 자신의 삶을 특별하게 또 주도적으로 살고 싶은 모두에게 필수적이다.

지식 중심에서 사고력 중심으로의 전환

오늘날 교육의 핵심 목표는 지식의 축적을 넘어 학습자가 스스로 사고하고 판단하며 문제를 해결할 수 있는 능력을 기르는 데 있다. 정보가 넘쳐나는 사회에서 중요한 것은 얼마나 많은 지식을 아는가가 아니라, 무엇을 받아들이고 어떻게 활용할 것인가를 합리적으로 결정할 수 있는 힘이다. 이는 교육을 통해 학습자의 사고 과정을 의도적으로 길러야 하는 이유다. 사고(思考)는 인간이 가진 고유한 인지 능력이다. 인간은 단순히 외부 자극에 반응하는 존재가 아니라, 주어진 정보와 경험을 바탕으로 해석하고 예측하며 판단하고 결정을 내리는 존재다. 넓은 의미에서 '사고'는 사람의 마음에서 일어나는 모든 인지 활동으로 정보를 처리하고, 문제를 해결하고, 결정을 내리고, 새로운 아이디어를 창출하는 것을 포함한다. 사고는 감각 정보의 해석, 분석, 비교, 종합, 추론, 가설 설정, 결론 도출 등 다양한 인지 활동이 포함된 의식적이고 목적 지향적인 정신 과정이다(Ruggiero, 1984). 고차원적 사고 능력은 현대 사회의 복잡한 문제 해결을 가능하게 하는 핵심 역량이다.

독서는 사고력 배양을 위한 중요 도구다. 독서는 텍스트를 이해하는 차원을 넘어 분석, 평가, 창조적 재구성에 이르는 고차원적 인지 활동을 촉진한다. 따라서 독서 활동을 통해 학습자는 비판적으로 정보를 검토하고, 창의적으로 지식을 확장하며, 탐구적 대화를 통한 공동의 의미를 구성할 수 있다. 탐구적 대화는 학습자의 자율성과 능동성을 기반으로 새로운 지식 창출의 장을 열어 준다. 이러한 맥락에서 비판적 사고, 창의적 사고, 탐구적 대화를 중심으로 독서 지도 방안을 제시하고자 한다.

비판적 사고력을 기르는 독서 지도

사고는 지식의 단순 조작이 아니라, '지적 활동' 또는 '지적 과정'을 수행하는 인지적 조작 능력의 체계적 실행이다. 분류, 조직, 분석, 추론, 유추 등 사고 기술은 복잡한 문제를 체계적으로 처리하는 데 필수적이다(Krathwohl, 2002). 사고력은 학습과 훈련을 통해 기를 수 있다. 이를 위해서 의미 있는 경험과 풍부한 지식 그리고 사고와 관련되는 유용한 지식을 습득하도록 하여야 하며, 바람직한 사고 성향을 기르도록 하고, 다양한 종류의 인지적 조작 능력을 길러 주어야 한다(허경철, 1991). 의미 있는 정보를 수집, 분석, 조직, 평가할 수 있는 비판적 사고와 창의적 사고를 기르는 것이 중요하다. 정보의 양만큼 우리가 해결해야 할 문제도 많아지고 선택해야 할 것들도 많아졌기 때문이다.

교과과정에서 사고력을 중심으로 가르칠 경우 학생들

의 학업 성취도와 사고의 질을 향상할 수 있다(Beyer, 2008). 사고력은 생각하는 방법에 대한 훈련과 연습을 통해 길러질 수 있으므로 생각할 기회와 경험을 제공하고 질문하고 답을 찾아보는 과정을 경험하는 것이 필요하다. 많은 경우, 인간의 사고는 경험의 산물이자 누적적이고 발달적인 과정으로서 시간이 지남에 따라 향상된다. 그러나 숙련된 사고는 경험이나 성숙만으로 발달하는 경우가 드물다. 또 단순히 교과목 학습의 부수적인 결과로 나타나는 경우도 드물다(Newmann, 1990). 어떤 사고 기술이든 숙달하려면 간접적인 교육이나 자기 발견 이상의 것이 필요하다(Doyle, 1983).

비판적 사고 능력은 텍스트 내용을 이해하는 수준을 넘어, 주어진 정보의 타당성과 논리적 일관성을 평가하고 다양한 관점을 비교하는 사고 능력이다. 독서 과정에서 비판적 사고를 촉진하기 위해 교사는 학생들이 텍스트의 주장과 근거를 구분하도록 지도하고, 다양한 관점을 비교·대조하게 하며, 논리적 일관성을 평가하고 검증하는 질문을 하도록 지도한다. 예를 들어 신문 사설을 읽고 핵심 주장을 찾아낸 뒤, 해당 주장이 어떤 근거에 의해 뒷받침되는지 분석하는 활동이 있다. 또 동일 주제를 다룬 서로 다른 글을 비교하여 어떤 글이 더 설득력 있는지를 평가하게 함으로써 학습자의 비판적 독해 능력을 확장할 수 있다. 문학 작품을 활용한 토론 활동에서는 학습자가 다양한 관점을 탐색하고 주장의 타당성을 검토하는 과정을 통해 비판적 독해 능력이 향상된다.

비판적 사고력을 기르기 위한 교육 단계별 독서 지도 방안은 다음과 같다. 초등 독서 단계에서는 동화책 주인공의 행동에 관한 질문을 하고 찬반 의견을 나누어 설명하도록 지도한다면, 친구의 의견을 듣고 자신의 생각을 조정하는 경험을 쌓을 수 있다. 이 과정에서 주장과 이유를 구분하는 연습을 반복하면 초기 비판적 사고 습관을 형성할 수 있다. 중등 단계에서는 신문 사설이나 시사 칼럼을 활용하여 주장, 근거, 예시를 구분하고 논리적 오류를 찾는 연습을 할 수 있다. 주장과 근거가 일치하는지, 대안적 관점은 무엇이 있는지 등 다양한 활동을 통해 논리적 사고와 사회적 쟁점에 대한 다양한 시각을 확립할 수 있다. 대학생의 경우에는 학문 영역별로 텍스트를 활용하여 연구자의 가설과 결론을 평가하는 토론 활동을 진행할 수 있다. 연구 방법의 타당성, 자료 해석의 적절성 등을 통해 학문적 비판 기준을 적용하는 경험을 할 수 있다.

창의적 사고력을 기르는 독서 지도

창의적 사고는 기존 지식을 새로운 맥락에서 재구성하고 독창적인 아이디어를 생성하는 사고다. 독서 지도에서 창의적 사고를 촉진하기 위해서는 텍스트를 이해하고 이를 새로운 맥락에서 재구성하거나 다른 관점에서 재해석하는 활동이 필요하다. 학교 도서관에서 진행하는 독서 프로그램에서는 읽기와 쓰기를 통합하여 주제 선정, 탐구, 집필, 수정, 출판의 단계로 구성된 활동이 가능하다. 읽기와 쓰기를 통합한 프로그램은 '텍스트'와 '의미 구성'을 토대로 운영되기 때문에 독자의 자기주도성과 창의성을 기를 수 있다(변우열 · 송기호, 2013). 이러한 전략의 실행은 학습자가 다양한 텍스트를 바탕으로 독창적 해석을 시도하고 창의적 표현으로 확장하는 경험을 제공한다.

창의적 사고력을 기르기 위한 교육 단계별 독서 지도 방안은 다음과 같다. 초등 독서 단계에서는 전래 동화의 결말을 다르게 만들어 보는 활동을 해 볼 수 있다. 이야기 속 인물과 상황을 변형하거나 결말을 다르게 구성해 보면서 새로운 상상적 요소를 추가해 본다. 이러한 활동은 상상력을 확장하고 새로운 서사를 만들어 볼 수 있는 창의성 발달을 기대할 수 있다. 중등 단계에서는 과학과 관련된 텍스트를 읽고 미래 기술을 상상해 보고, 글이나 그림으로 표현해 보는 활동을 할 수 있다. 다양한 열린 질문을 통해 미래를 상상해 보고 어떤 변화들이 일어날 수 있는지 예측해 볼 수 있다. 대학생의 경우에는 전공 관련 책이나 학술 논문을 읽고, 새로운 연구 주제를 발견하거나 가설을 창출하는 과제를 수행해 볼 수 있다. 기존 연구의 한계와 공백을 탐색하고 창의적인 대안을 제안할 수 있다. 이런 활동은 학문적 창의성과 학문 영역에서의 사고력 향상을 기대할 수 있다. 창의적 독서 지도는 학습자의 사고를 텍스트에 가두지 않고 새로운 의미와 지식으로 확장하도록 만든다.

탐구적 대화와 사고 교류

탐구는 학습자를 학습의 주체가 되게 하고 적극적이고 능동적인 자세를 취하게 한다(Wells, 2003). 일반적으로 탐구라고 하면 과학 분야에 해당하는 것으로 생각할 수 있는데, 넓게 보면 다양한 학문 분야에서 다루는 각각의 주제가 대상이 된 깊이 있는 이해와 관심이 해당한다. 탐구적 대화는 다양한 지식 영역에서 제공된 관점을 사용하여 학습자 간 협력하고 탐구하며 의미 구성하는 과정에서 이루어지는 대화다. 이때 언어는 의미를 표현하고 학습자 간 사고 교류를 실현하는 매개체가 된다. 사고 교류가 일어나기 위해서는 교실 단위보다 소집단으로 구성하는 것이 아이디어를 탐색하고 의미를 재구성하는 데 유용하다. 진정한 의미에서 학습은 학습자의 자율성에 기반하며 적극적인 선택과 능동적 참여를 말한다(정옥년, 2010). 탐구와 학습의 핵심은 학습자의 주도적이고 능동적인 참여에 달려 있다.

소집단 내에서 학습자들은 대화를 통해 공동 의미 구성을 실현할 수 있다. 공동 의미 구성은 학습자 혼자서 생성하는 의미 구성보다 확장되고 심화된 의미 있는 재구성이다. 대화를 나누는 사람들의 공통 경험, 물리적 환경, 공유하는 과제와 목표는 공동 지식을 형성하고 공유할 수 있게 돕고 동시에 그들만의 맥락을 구축하게 된다(Mercer, 2000; Mercer & Littleton, 2007). 대화에 참여하는 사람들 간에는 신뢰 관계가 구축되어야 하며 적극적으로 참여하고자 하는 동기가 분명해야 한다. 또 참여자들이 자유롭게 생각을 표현할 수 있도록 분위기가 조성되어야 하며 서로 존중하고 수용하는 개방적 학습 환경이 조성되어야 한다.

소집단 학습은 주로 초 · 중등 교실에서 교사의 주도로 3~4명씩 팀을 구성하여 토의 · 토론 형식으로 진행되는 것이 일반적이다. 그러나 이는 교사의 주도로 이루어진다는 점에서 학습자들의 자발성과 주도성은 부족한 면이 있다. 학습자들의 지식 영역이 좀 더 구체화된 대학에서는 학문 영역의 전문 지식을 넓히고 학문 공동체의 일원이 되기 위해서 적극적으로 소집단 학습에 참여한다. 전문적이고 세분화된 지식을 이해하기 위해서는 자신의 부족한 배경지식을 채우고 사고를 확장하고 질문하는 깊이 있는 탐구가 이루어져야 한다.

대학생 소집단 학습 대화를 분석한 연구에서(길은희, 2022), 학습자들은 학습 내용을 토대로 구체적인 근거를 제시하고 추론하는 대화를 이어 가며 각자의 이해 수준에서 지식을 구성하고, 나아가 이것이 공동 지식 구성으로 이어지는 것을 볼 수 있다. 이들 소집단 참여자들은 질문하는 것을 망설이지 않았고 각자가 이해하고 있는 만큼 설명하려고 노력하였으며 서로 이해한 것이 동일한지 확인하는 과정을 반복했다. 이들은 학습 과정에서 의견이나 생각을 말하는 데 어려움을 느끼지 않았고 학습 내용을 공유하고 함께 학습한다는 사실만으로도 동질감을 느끼며 서로를 응원하고 있었다.

사고력은 서로 다른 해석과 의견을 공유하고 토론을 통해 비판적으로 분석하고 논리적으로 검증하면서 강화된다. 탐구적 대화와 소집단 학습은 학습자의 사고를 확장하고 심화하는 매개가 된다. 학습자들은 대화를 통해 자신의 이해를 점검하고, 타인의 관점을 수용하며 새로운 시각을 경험한다. 이는 개인 차원의 사고를 공동의 사고로 확장하는 과정이며, 결국 비판적 · 논리적 · 창의적 사고력으로 이어진다. 이러한 경험은 학습자들이 학문적 공동체 속에서 능동적 주체로 성장하도록 돕고, 나아가 삶의 다양한 맥락에서 문제를 해결하고 의미 있는 선택을 할 수 있는 힘을 길러 준다.

참고문헌

길은희(2022). 대학생 협력적 탐구학습에 나타난 언어 수행 양상 연구. 박사학위논문 가톨릭대학교 대학원.

변우열·송기호(2013). 창의적 글쓰기를 활용한 읽기와 쓰기 통합지도용 학습독서 전략 개발. 《한국도서관·정보학회지》, 45(1), 125~147.

정옥년(2010). 평생학습자로서 독자의 발달. 《독서연구》, 23, 71~105.

허경철(1991). 『사고력 신장을 위한 프로그램 개발 연구(V)』. 한국교육개발원.

Beyer, B. K.(2008). What research tells us about teaching thinking skills. *The Social Studies*, 99(5), 223~232.

Dewey, J.(1910). *How We Think*. Boston: D.C. Heath & Co.

Doyle, W.(1983). Academic work. *Review of Educational Research*, 53(2), 159~199.

Krathwohl, D. R.(2002). A revision of Bloom's taxonomy: An

overview. *Theory into practice*, 41(4), 212~218.

Mercer, N.(2000). *Words & Minds: How We Use Language to Think Together*. Oxon: Routledge.

Mercer, N., & Littleton, K.(2007) *Dialogue and the Development of Children's Thinking: A Sociocultural Approach*. New edition. Routledge.

Newmann, F. M.(1990). Higher order thinking in teaching social studies. *Journal of Curriculum Studies* 22(1), 41~56.

Ruggiero, V.(1984). *The Art of Thinking: A Guide to Critical and Creative Thought*. New York: Harper & Row Pub.

Wells, G.(2003). *Dialogic Inquiry: Towards a Sociocultural Practice and Theory of Education*. Cambridge University Press.

지은이

길은희

광운대학교 산학협력단 초빙교수로 서울시 지역혁신중심 대학지원체계(RISE) '서울 평생교육 고도화' 과제에 참여하고 있다.

서울시립대 철학과를 졸업했다. 가톨릭대에서 교육학(독서교육 전공)으로 석 · 박사 학위를 받았다.

한국체육대학교 국립대학육성사업단 책임연구원, 한성대학교 교양연구소 연구교수 등 다수의 대학에서 대학의 혁신과 변화를 이끄는 일에 참여했다. 교수/학습법, 사고력 교육과 평생교육이 주된 연구 분야다.

논문은 "비판적 담화분석을 활용한 문학 텍스트 읽기 수업의 효과 연구"(2017), "대학생 협력적 탐구학습에 나타난 언어 수행 양상 연구"(2022) 등이 있다.